Band 412 der Bibliothek Suhrkamp

PAUL CELAN
GEDICHTE
in zwei Bänden

Erster Band

Suhrkamp Verlag

Siebzehntes und achtzehntes Tausend 1983
© dieser Ausgabe: Suhrkamp Verlag Frankfurt am Main 1975
Alle Rechte vorbehalten
»Mohn und Gedächtnis«: Copyright 1952 by Deutsche Verlags-Anstalt
GmbH, Stuttgart
»Von Schwelle zu Schwelle«: Copyright 1955 by Deutsche Verlags-Anstalt
GmbH, Stuttgart
»Sprachgitter«: Copyright 1959 by S. Fischer Verlag Frankfurt am Main
»Die Niemandsrose«: Copyright 1963 by Fischer Verlag Frankfurt am
Main
Druck: Nomos Verlagsgesellschaft, Baden-Baden
Printed in Germany

Erster Band

MOHN UND GEDÄCHTNIS
VON SCHWELLE ZU SCHWELLE
SPRACHGITTER
DIE NIEMANDSROSE

MOHN UND GEDÄCHTNIS

DER SAND AUS DEN URNEN

EIN LIED IN DER WÜSTE

Ein Kranz ward gewunden aus schwärzlichem Laub in der
Gegend von Akra:
dort riß ich den Rappen herum und stach nach dem Tod mit
dem Degen.
Auch trank ich aus hölzernen Schalen die Asche der Brun-
nen von Akra
und zog mit gefälltem Visier den Trümmern der Himmel
entgegen.

Denn tot sind die Engel und blind ward der Herr in der
Gegend von Akra,
und keiner ist, der mir betreue im Schlaf die zur Ruhe hier
gingen.
Zuschanden gehaun ward der Mond, das Blümlein der Gegend
von Akra:
so blühn, die den Dornen es gleichtun, die Hände mit rostigen
Ringen.

So muß ich zum Kuß mich wohl bücken zuletzt, wenn sie beten
in Akra ...
O schlecht war die Brünne der Nacht, es sickert das Blut durch
die Spangen!
So ward ich ihr lächelnder Bruder, der eiserne Cherub von
Akra.
So sprech ich den Namen noch aus und fühl noch den Brand
auf den Wangen.

NACHTS ist dein Leib von Gottes Fieber braun:
mein Mund schwingt Fackeln über deinen Wangen.
Nicht sei gewiegt, dem sie kein Schlaflied sangen.
Die Hand voll Schnee, bin ich zu dir gegangen,

und ungewiß, wie deine Augen blaun
im Stundenrund. (Der Mond von einst war runder.)
Verschluchzt in leeren Zelten ist das Wunder,
vereist das Krüglein Traums – was tuts?

Gedenk: ein schwärzlich Blatt hing im Holunder –
das schöne Zeichen für den Becher Bluts.

UMSONST malst du Herzen ans Fenster:
der Herzog der Stille
wirbt unten im Schloßhof Soldaten.
Sein Banner hißt er im Baum – ein Blatt, das ihm blaut, wenn
es herbstet;
die Halme der Schwermut verteilt er im Heer und die Blumen
der Zeit;
mit Vögeln im Haar geht er hin zu versenken die Schwerter.

Umsonst malst du Herzen ans Fenster: ein Gott ist unter den
Scharen,
gehüllt in den Mantel, der einst von den Schultern dir sank auf
der Treppe, zur Nachtzeit,
einst, als in Flammen das Schloß stand, als du sprachst wie die
Menschen: Geliebte ...
Er kennt nicht den Mantel und rief nicht den Stern an und
folgt jenem Blatt, das vorausschwebt.
,O Halm', vermeint er zu hören, ,o Blume der Zeit'.

MARIANNE

Fliederlos ist dein Haar, dein Antlitz aus Spiegelglas.
Von Auge zu Aug zieht die Wolke, wie Sodom nach Babel:
wie Blattwerk zerpflückt sie den Turm und tobt um das
Schwefelgesträuch.

Dann zuckt dir ein Blitz um den Mund – jene Schlucht mit den
Resten der Geige.
Mit schneeigen Zähnen führt einer den Bogen: O schöner
tönte das Schilf!

Geliebte, auch du bist das Schilf und wir alle der Regen;
ein Wein ohnegleichen dein Leib, und wir bechern zu zehnt;
ein Kahn im Getreide dein Herz, wir rudern ihn nachtwärts;
ein Krüglein Bläue, so hüpfest du leicht über uns, und wir
schlafen . . .

Vorm Zelt zieht die Hundertschaft auf, und wir tragen dich
zechend zu Grabe.
Nun klingt auf den Fliesen der Welt der harte Taler der
Träume.

TALGLICHT

Die Mönche mit haarigen Fingern schlugen das Buch auf:
September.
Jason wirft nun mit Schnee nach der aufgegangenen Saat.
Ein Halsband aus Händen gab dir der Wald, so schreitest du
tot übers Seil.
Ein dunkleres Blau wird zuteil deinem Haar, und ich rede von
Liebe.
Muscheln red ich und leichtes Gewölk, und ein Boot knospt im
Regen.
Ein kleiner Hengst jagt über die blätternden Finger –
Schwarz springt das Tor auf, ich singe:
Wie lebten wir hier?

Die Hand voller Stunden, so kamst du zu mir – ich sprach:
Dein Haar ist nicht braun.
So hobst du es leicht auf die Waage des Leids, da war es
schwerer als ich ...

Sie kommen auf Schiffen zu dir und laden es auf, sie bieten
es feil auf den Märkten der Lust –
Du lächelst zu mir aus der Tiefe, ich weine zu dir aus der
Schale, die leicht bleibt.
Ich weine: Dein Haar ist nicht braun, sie bieten das Wasser
der See, und du gibst ihnen Locken ...
Du flüsterst: Sie füllen die Welt schon mit mir, und ich bleib
dir ein Hohlweg im Herzen!
Du sagst: Leg das Blattwerk der Jahre zu dir – es ist Zeit,
daß du kommst und mich küssest!

Das Blattwerk der Jahre ist braun, dein Haar ist es nicht.

HALBE NACHT

Halbe Nacht. Mit den Dolchen des Traumes geheftet in
sprühende Augen.
Schrei nicht vor Schmerz: wie Tücher flattern die Wolken.
Ein seidener Teppich, so ward sie gespannt zwischen uns, daß
getanzt sei von Dunkel zu Dunkel.
Die schwarze Flöte schnitzten sie uns aus lebendigem Holz, und
die Tänzerin kommt nun.
Aus Meerschaum gesponnene Finger taucht sie ins Aug uns:
eines will hier noch weinen?
Keines. So wirbelt sie selig dahin, und die feurige Pauke wird
laut.
Ringe wirft sie uns zu, wir fangen sie auf mit den Dolchen.
Vermählt sie uns so? Wie Scherben erklingts, und ich weiß es
nun wieder:
du starbst nicht
den malvenfarbenen Tod.

DEIN HAAR ÜBERM MEER

Es schwebt auch dein Haar überm Meer mit dem goldnen
                                                    Wacholder.
Mit ihm wird es weiß, dann färb ich es steinblau:
die Farbe der Stadt, wo zuletzt ich geschleift ward gen
                                                    Süden . . .
Mit Tauen banden sie mich und knüpften an jedes ein Segel
und spien mich an aus nebligen Mäulern und sangen:
‚O komm übers Meer!‘
Ich aber malt als ein Kahn die Schwingen mir purpurn
und röchelte selbst mir die Brise und stach, eh sie schliefen, in
                                                    See.
Ich sollte sie rot dir nun färben, die Locken, doch lieb ich sie
                                                    steinblau:
O Augen der Stadt, wo ich stürzte und südwärts geschleift
                                                    ward!
Mit dem goldnen Wacholder schwebt auch dein Haar
                                        überm Meer.

Espenbaum, dein Laub blickt weiß ins Dunkel.
Meiner Mutter Haar ward nimmer weiß.

Löwenzahn, so grün ist die Ukraine.
Meine blonde Mutter kam nicht heim.

Regenwolke, säumst du an den Brunnen?
Meine leise Mutter weint für alle.

Runder Stern, du schlingst die goldne Schleife.
Meiner Mutter Herz ward wund von Blei.

Eichne Tür, wer hob dich aus den Angeln?
Meine sanfte Mutter kann nicht kommen.

ASCHENKRAUT

Zugvogel Speer, die Mauer ist längst überflogen,
der Ast überm Herzen schon weiß und das Meer über uns,
der Hügel der Tiefe umlaubt von den Sternen des Mittags –
ein giftleeres Grün wie des Augs, das sie aufschlug im Tode . . .

Wir höhlten die Hände zu schöpfen den sickernden Sturz-
bach:
das Wasser der Stätte, wo's dunkelt und keinem gereicht
wird der Dolch.
Du sangst auch ein Lied, und wir flochten ein Gitter im Nebel:
vielleicht, daß ein Henker noch kommt und uns wieder ein
Herz schlägt;
vielleicht, daß ein Turm sich noch wälzt über uns, und ein
Galgen wird johlend errichtet;
vielleicht, daß ein Bart uns entstellt und ihr Blondhaar sich
rötet . . .

Der Ast überm Herzen ist weiß schon, das Meer über uns.

DAS GEHEIMNIS DER FARNE

Im Gewölbe der Schwerter besieht sich der Schatten laub-
grünes Herz.
Blank sind die Klingen: wer säumte im Tod nicht vor Spiegeln?
Auch wird hier in Krügen kredenzt die lebendige Schwermut:
blumig finstert sie hoch, eh sie trinken, als wär sie nicht
Wasser,
als wär sie ein Tausendschön hier, das befragt wird nach
dunklerer Liebe,
nach schwärzerem Pfühl für das Lager, nach schwererem
Haar . . .

Hier aber wird nur gebangt um den Schimmer des Eisens,
und leuchtet ein Ding hier noch auf, so sei es ein Schwert.
Wir leeren den Krug nur vom Tisch, weil uns Spiegel bewirten:
einer springe entzwei, wo wir grün sind wie Laub!

DER SAND AUS DEN URNEN

Schimmelgrün ist das Haus des Vergessens.
Vor jedem der wehenden Tore blaut dein enthaupteter Spiel-
mann.
Er schlägt dir die Trommel aus Moos und bitterem Schamhaar;
mit schwärender Zehe malt er im Sand deine Braue.
Länger zeichnet er sie als sie war, und das Rot deiner Lippe.
Du füllst hier die Urnen und speisest dein Herz.

DIE LETZTE FAHNE

Ein wasserfarbenes Wild wird gejagt in den dämmernden
Marken.
So binde die Maske dir vor und färbe die Wimpern dir grün.
Die Schüssel mit schlummerndem Schrot wird gereicht über
Ebenholztische:
von Frühling zu Frühling schäumt hier der Wein, so kurz ist
das Jahr,
so feurig der Preis dieser Schützen – die Rose der Fremde:
dein irrender Bart, die müßige Fahne des Baumstumpfs.

Gewölk und Gebell! Sie reiten den Wahn in den Farn!
Wie Fischer werfen sie Netze nach Irrlicht und Hauch!
Sie schlingen ein Seil um die Kronen und laden zum Tanz!
Und waschen die Hörner im Quell – so lernen sie Lockruf.

Ist dicht, was du wähltest als Mantel, und birgt es den
Schimmer?
Sie schleichen wie Schlaf um die Stämme, als böten sie Traum.
Die Herzen schleudern sie hoch, die moosigen Bälle des
Wahnsinns:
o wasserfarbenes Vlies, unser Banner am Turm!

EIN Knirschen von eisernen Schuhn ist im Kirschbaum.
Aus Helmen schäumt dir der Sommer. Der schwärzliche
Kuckuck
malt mit demantenem Sporn sein Bild an die Tore des
Himmels.

Barhaupt ragt aus dem Blattwerk der Reiter.
Im Schild trägt er dämmernd dein Lächeln,
genagelt ans stählerne Schweißtuch des Feindes.
Es ward ihm verheißen der Garten der Träumer,
und Speere hält er bereit, daß die Rose sich ranke . . .

Unbeschuht aber kommt durch die Luft, der am meisten dir
gleichet:
eiserne Schuhe geschnallt an die schmächtigen Hände,
verschläft er die Schlacht und den Sommer. Die Kirsche
blutet für ihn.

DAS GASTMAHL

Geleert sei die Nacht aus den Flaschen im hohen Gebälk der
Versuchung,
die Schwelle mit Zähnen gepflügt, vor Morgen der Jähzorn
gesät:
es schießt wohl empor uns ein Moos noch, eh von der Mühle
sie hier sind,
ein leises Getreide zu finden bei uns ihrem langsamen Rad . . .

Unter den giftigen Himmeln sind andere Halme wohl falber,
wird anders der Traum noch gemünzt als hier, wo wir würfeln
um Lust,
als hier, wo getauscht wird im Dunkel Vergessen und Wunder,
wo alles nur gilt eine Stunde und schwelgend bespien wird
von uns,
ins gierige Wasser der Fenster geschleudert in leuchtenden
Truhen –:
es birst auf der Straße der Menschen, den Wolken zum Ruhm!

So hüllet euch denn in die Mäntel und steiget mit mir auf
die Tische:
wie anders sei noch geschlafen als stehend, inmitten der
Kelche?
Wem trinken wir Träume noch zu, als dem langsamen Rad?

DUNKLES AUG IM SEPTEMBER

Steinhaube Zeit. Und üppiger quellen
die Locken des Schmerzes ums Antlitz der Erde,
den trunkenen Apfel, gebräunt von dem Hauch
eines sündigen Spruches: schön und abhold dem Spiel,
das sie treiben im argen
Widerschein ihrer Zukunft.

Zum zweitenmal blüht die Kastanie:
ein Zeichen der ärmlich entbrannten
Hoffnung auf Orions
baldige Rückkunft: der blinden
Freunde des Himmels sternklare Inbrunst
ruft ihn herauf.

Unverhüllt an den Toren des Traumes
streitet ein einsames Aug.
Was täglich geschieht,
genügt ihm zu wissen:
am östlichen Fenster
erscheint ihm zur Nachtzeit die schmale
Wandergestalt des Gefühls.

Ins Naß ihres Auges tauchst du das Schwert.

DER STEIN AUS DEM MEER

Das weiße Herz unsrer Welt, gewaltlos verloren wirs heut
um die Stunde des gilbenden Maisblatts:
ein runder Knäuel, so rollt' es uns leicht aus den Händen.
So blieb uns zu spinnen die neue, die rötliche Wolle des Schlafs
an der sandigen Grabstatt des Traumes:
ein Herz nicht mehr, doch das Haupthaar wohl des Steins aus
der Tiefe,
der ärmliche Schmuck seiner Stirn, die sinnt über Muschel
und Welle.

Vielleicht, daß am Tor jener Stadt in der Luft ihn erhöhet
ein nächtlicher Wille,
sein östliches Aug ihm erschließt überm Haus, wo wir liegen,
die Schwärze des Meers um den Mund und die Tulpen aus
Holland im Haar.
Sie tragen ihm Lanzen voran, so trugen wir Traum,
so entrollt' uns das weiße
Herz unsrer Welt. So ward ihm das krause
Gespinst um sein Haupt: eine seltsame Wolle,
an Herzens Statt schön.

O Pochen, das kam und das schwand! Im Endlichen wehen
die Schleier.

ERINNERUNG AN FRANKREICH

Du denk mit mir: der Himmel von Paris, die große Herbst-
zeitlose ...
Wir kauften Herzen bei den Blumenmädchen:
sie waren blau und blühten auf im Wasser.
Es fing zu regnen an in unserer Stube,
und unser Nachbar kam, Monsieur Le Songe, ein hager
Männlein.
Wir spielten Karten, ich verlor die Augensterne;
du liehst dein Haar mir, ich verlors, er schlug uns nieder.
Er trat zur Tür hinaus, der Regen folgt' ihm.
Wir waren tot und konnten atmen.

CHANSON EINER DAME IM SCHATTEN

Wenn die Schweigsame kommt und die Tulpen köpft:
Wer gewinnt?
        Wer verliert?
                Wer tritt an das Fenster?
Wer nennt ihren Namen zuerst?

Es ist einer, der trägt mein Haar.
Er trägts wie man Tote trägt auf den Händen.
Er trägts wie der Himmel mein Haar trug im Jahr, da ich
                                      liebte.
Er trägt es aus Eitelkeit so.

Der gewinnt.
        Der verliert nicht.
                Der tritt nicht ans Fenster.
Der nennt ihren Namen nicht.

Es ist einer, der hat meine Augen.
Er hat sie, seit Tore sich schließen.
Er trägt sie am Finger wie Ringe.
Er trägt sie wie Scherben von Lust und Saphir:
er war schon mein Bruder im Herbst;
er zählt schon die Tage und Nächte.

Der gewinnt.
        Der verliert nicht.
                Der tritt nicht ans Fenster.
Der nennt ihren Namen zuletzt.

Es ist einer, der hat, was ich sagte.
Er trägts unterm Arm wie ein Bündel.
Er trägts wie die Uhr ihre schlechteste Stunde.
Er trägt es von Schwelle zu Schwelle, er wirft es nicht fort.

Der gewinnt nicht.
      Der verliert.
            Der tritt an das Fenster.
Der nennt ihren Namen zuerst.

Der wird mit den Tulpen geköpft.

NACHTSTRAHL

Am lichtesten brannte das Haar meiner Abendgeliebten:
ihr schick ich den Sarg aus dem leichtesten Holz.
Er ist wellenumwogt wie das Bett unsrer Träume in Rom;
er trägt eine weiße Perücke wie ich und spricht heiser:
er redet wie ich, wenn ich Einlaß gewähre den Herzen.
Er weiß ein französisches Lied von der Liebe, das sang ich im
Herbst,
als ich weilte auf Reisen in Spätland und Briefe schrieb an
den Morgen.

Ein schöner Kahn ist der Sarg, geschnitzt im Gehölz der
Gefühle.
Auch ich fuhr blutabwärts mit ihm, als ich jünger war als
dein Aug.
Nun bist du jung wie ein toter Vogel im Märzschnee,
nun kommt er zu dir und singt sein französisches Lied.
Ihr seid leicht: ihr schlaft meinen Frühling zu Ende.
Ich bin leichter:
ich singe vor Fremden.

DIE JAHRE VON DIR ZU MIR

Wieder wellt sich dein Haar, wenn ich wein. Mit dem Blau
deiner Augen
deckst du den Tisch unsrer Liebe: ein Bett zwischen Sommer
und Herbst.
Wir trinken, was einer gebraut, der nicht ich war, noch du,
noch ein dritter:
wir schlürfen ein Leeres und Letztes.

Wir sehen uns zu in den Spiegeln der Tiefsee und reichen uns
rascher die Speisen:
die Nacht ist die Nacht, sie beginnt mit dem Morgen,
sie legt mich zu dir.

LOB DER FERNE

Im Quell deiner Augen
leben die Garne der Fischer der Irrsee.
Im Quell deiner Augen
hält das Meer sein Versprechen.

Hier werf ich,
ein Herz, das geweilt unter Menschen,
die Kleider von mir und den Glanz eines Schwures:

Schwärzer im Schwarz, bin ich nackter.
Abtrünnig erst bin ich treu.
Ich bin du, wenn ich ich bin.

Im Quell deiner Augen
treib ich und träume von Raub.

Ein Garn fing ein Garn ein:
wir scheiden umschlungen.

Im Quell deiner Augen
erwürgt ein Gehenkter den Strang.

DAS GANZE LEBEN

Die Sonnen des Halbschlafs sind blau wie dein Haar eine
Stunde vor Morgen.
Auch sie wachsen rasch wie das Gras überm Grab eines Vogels.
Auch sie lockt das Spiel, das wir spielten als Traum auf den
Schiffen der Lust.
Am Kreidefelsen der Zeit begegnen auch ihnen die Dolche.

Die Sonnen des Tiefschlafs sind blauer: so war deine Locke
nur einmal:
Ich weilt als ein Nachtwind im käuflichen Schoß deiner
Schwester;
dein Haar hing im Baum über uns, doch warst du nicht da.
Wir waren die Welt, und du warst ein Gesträuch vor den
Toren.

Die Sonnen des Todes sind weiß wie das Haar unsres Kindes:
es stieg aus der Flut, als du aufschlugst ein Zelt auf der Düne.
Es zückte das Messer des Glücks über uns mit erloschenen
Augen.

Boshaft wie goldene Rede beginnt diese Nacht.
Wir essen die Äpfel der Stummen.
Wir tuen ein Werk, das man gern seinem Stern überläßt;
wir stehen im Herbst unsrer Linden als sinnendes Fahnenrot,
als brennende Gäste vom Süden.
Wir schwören bei Christus dem Neuen, den Staub zu ver-
                                    mählen dem Staube,
die Vögel dem wandernden Schuh,
unser Herz einer Stiege im Wasser.
Wir schwören der Welt die heiligen Schwüre des Sandes,
wir schwören sie gern,
wir schwören sie laut von den Dächern des traumlosen
                                              Schlafes
und schwenken das Weißhaar der Zeit . . .

Sie rufen: Ihr lästert!

Wir wissen es längst.
Wir wissen es längst, doch was tuts?
Ihr mahlt in den Mühlen des Todes das weiße Mehl der
                                              Verheißung,
ihr setzet es vor unsern Brüdern und Schwestern –

Wir schwenken das Weißhaar der Zeit.

Ihr mahnt uns: Ihr lästert!
Wir wissen es wohl,
es komme die Schuld über uns.
Es komme die Schuld über uns aller warnenden Zeichen,

es komme das gurgelnde Meer,
der geharnischte Windstoß der Umkehr,
der mitternächtige Tag,
es komme, was niemals noch war!

Es komme ein Mensch aus dem Grabe.

CORONA

Aus der Hand frißt der Herbst mir sein Blatt: wir sind
Freunde.
Wir schälen die Zeit aus den Nüssen und lehren sie gehn:
die Zeit kehrt zurück in die Schale.

Im Spiegel ist Sonntag,
im Traum wird geschlafen,
der Mund redet wahr.

Mein Aug steigt hinab zum Geschlecht der Geliebten:
wir sehen uns an,
wir sagen uns Dunkles,
wir lieben einander wie Mohn und Gedächtnis,
wir schlafen wie Wein in den Muscheln,
wie das Meer im Blutstrahl des Mondes.

Wir stehen umschlungen im Fenster, sie sehen uns zu von der
Straße:
es ist Zeit, daß man weiß!
Es ist Zeit, daß der Stein sich zu blühen bequemt,
daß der Unrast ein Herz schlägt.
Es ist Zeit, daß es Zeit wird.

Es ist Zeit.

TODESFUGE

SCHWARZE Milch der Frühe wir trinken sie abends
wir trinken sie mittags und morgens wir trinken sie nachts
wir trinken und trinken
wir schaufeln ein Grab in den Lüften da liegt man nicht eng
Ein Mann wohnt im Haus der spielt mit den Schlangen der
schreibt
der schreibt wenn es dunkelt nach Deutschland dein goldenes
Haar Margarete
er schreibt es und tritt vor das Haus und es blitzen die Sterne
er pfeift seine Rüden herbei
er pfeift seine Juden hervor läßt schaufeln ein Grab in der
Erde
er befiehlt uns spielt auf nun zum Tanz

Schwarze Milch der Frühe wir trinken dich nachts
wir trinken dich morgens und mittags wir trinken dich abends
wir trinken und trinken
Ein Mann wohnt im Haus der spielt mit den Schlangen der
schreibt
der schreibt wenn es dunkelt nach Deutschland dein goldenes
Haar Margarete
Dein aschenes Haar Sulamith wir schaufeln ein Grab in den
Lüften da liegt man nicht eng

Er ruft stecht tiefer ins Erdreich ihr einen ihr andern singet
und spielt
er greift nach dem Eisen im Gurt er schwingts seine Augen
sind blau
stecht tiefer die Spaten ihr einen ihr andern spielt weiter zum
Tanz auf

Schwarze Milch der Frühe wir trinken dich nachts
wir trinken dich mittags und morgens wir trinken dich abends
wir trinken und trinken
ein Mann wohnt im Haus dein goldenes Haar Margarete
dein aschenes Haar Sulamith er spielt mit den Schlangen

Er ruft spielt süßer den Tod der Tod ist ein Meister aus
                                                Deutschland
er ruft streicht dunkler die Geigen dann steigt ihr als Rauch
                                                in die Luft
dann habt ihr ein Grab in den Wolken da liegt man nicht eng

Schwarze Milch der Frühe wir trinken dich nachts
wir trinken dich mittags der Tod ist ein Meister aus
                                                Deutschland
wir trinken dich abends und morgens wir trinken und trinken
der Tod ist ein Meister aus Deutschland sein Auge ist blau
er trifft dich mit bleierner Kugel er trifft dich genau
ein Mann wohnt im Haus dein goldenes Haar Margarete
er hetzt seine Rüden auf uns er schenkt uns ein Grab in der
                                                Luft
er spielt mit den Schlangen und träumet der Tod ist ein Meister
                                                aus Deutschland

dein goldenes Haar Margarete
dein aschenes Haar Sulamith

GEGENLICHT

AUF REISEN

Es ist eine Stunde, die macht dir den Staub zum Gefolge,
dein Haus in Paris zur Opferstatt deiner Hände,
dein schwarzes Aug zum schwärzesten Auge.

Es ist ein Gehöft, da hält ein Gespann für dein Herz.
Dein Haar möchte wehn, wenn du fährst – das ist ihm
verboten.
Die bleiben und winken, wissen es nicht.

IN ÄGYPTEN

Du sollst zum Aug der Fremden sagen: Sei das Wasser.
Du sollst, die du im Wasser weißt, im Aug der Fremden
suchen.
Du sollst sie rufen aus dem Wasser: Ruth! Noëmi! Mirjam!
Du sollst sie schmücken, wenn du bei der Fremden liegst.
Du sollst sie schmücken mit dem Wolkenhaar der Fremden.
Du sollst zu Ruth und Mirjam und Noëmi sagen:
Seht, ich schlaf bei ihr!
Du sollst die Fremde neben dir am schönsten schmücken.
Du sollst sie schmücken mit dem Schmerz um Ruth, um Mirjam
und Noëmi.
Du sollst zur Fremden sagen:
Sieh, ich schlief bei diesen!

INS NEBELHORN

Mund im verborgenen Spiegel,
Knie vor der Säule des Hochmuts,
Hand mit dem Gitterstab:

reicht euch das Dunkel,
nennt meinen Namen,
führt mich vor ihn.

VOM Blau, das noch sein Auge sucht, trink ich als erster.
Aus deiner Fußspur trink ich und ich seh:
du rollst mir durch die Finger, Perle, und du wächst!
Du wächst wie alle, die vergessen sind.
Du rollst: das schwarze Hagelkorn der Schwermut
fällt in ein Tuch, ganz weiß vom Abschiedwinken.

WER wie du und alle Tauben Tag und Abend aus dem Dunkel
schöpft,
pickt den Stern aus meinen Augen, eh er funkelt,
reißt das Gras aus meinen Brauen, eh es weiß ist,
wirft die Tür zu in den Wolken, eh ich stürze.

Wer wie du und alle Nelken Blut als Münze braucht und Tod
als Wein,
bläst das Glas für seinen Kelch aus meinen Händen,
färbt es mit dem Wort, das ich nicht sagte, rot,
schlägts in Stücke mit dem Stein der fernen Träne.

BRANDMAL

Wir schliefen nicht mehr, denn wir lagen im Uhrwerk der
Schwermut
und bogen die Zeiger wie Ruten,
und sie schnellten zurück und peitschten die Zeit bis aufs Blut,
und du redetest wachsenden Dämmer,
und zwölfmal sagte ich du zur Nacht deiner Worte,
und sie tat sich auf und blieb offen,
und ich legt ihr ein Aug in den Schoß und flocht dir das andre
ins Haar
und schlang zwischen beide die Zündschnur, die offene Ader –
und ein junger Blitz schwamm heran.

WER sein Herz aus der Brust reißt zur Nacht, der langt nach
der Rose.

Sein ist ihr Blatt und ihr Dorn,
ihm legt sie das Licht auf den Teller,
ihm füllt sie die Gläser mit Hauch,
ihm rauschen die Schatten der Liebe.

Wer sein Herz aus der Brust reißt zur Nacht und schleudert es
hoch:

der trifft nicht fehl,
der steinigt den Stein,
dem läutet das Blut aus der Uhr,
dem schlägt seine Stunde die Zeit aus der Hand:
er darf spielen mit schöneren Bällen
und reden von dir und von mir.

KRISTALL

Nicht an meinen Lippen suche deinen Mund,
nicht vorm Tor den Fremdling,
nicht im Aug die Träne.

Sieben Nächte höher wandert Rot zu Rot,
sieben Herzen tiefer pocht die Hand ans Tor,
sieben Rosen später rauscht der Brunnen.

TOTENHEMD

Was du aus Leichtem wobst,
trag ich dem Stein zu Ehren.
Wenn ich im Dunkel die Schreie
wecke, weht es sie an.

Oft, wenn ich stammeln soll,
wirft es vergessene Falten,
und der ich bin, verzeiht
dem, der ich war.

Aber der Haldengott
rührt seine dumpfeste Trommel,
und wie die Falte fiel,
runzelt der Finstre die Stirn.

AUF HOHER SEE

Paris, das Schifflein, liegt im Glas vor Anker:
so halt ich mit dir Tafel, trink dir zu.
Ich trink so lang, bis dir mein Herz erdunkelt,
so lange, bis Paris auf seiner Träne schwimmt,
so lange, bis es Kurs nimmt auf den fernen Schleier,
der uns die Welt verhüllt, wo jedes Du ein Ast ist,
an dem ich hänge als ein Blatt, das schweigt und schwebt.

Ich bin allein, ich stell die Aschenblume
ins Glas voll reifer Schwärze. Schwestermund,
du sprichst ein Wort, das fortlebt vor den Fenstern,
und lautlos klettert, was ich träumt, an mir empor.

Ich steh im Flor der abgeblühten Stunde
und spar ein Harz für einen späten Vogel:
er trägt die Flocke Schnee auf lebensroter Feder;
das Körnchen Eis im Schnabel, kommt er durch den Sommer.

DIE KRÜGE

Für Klaus Demus

An den langen Tischen der Zeit
zechen die Krüge Gottes.
Sie trinken die Augen der Sehenden leer und die Augen der
Blinden,
die Herzen der waltenden Schatten,
die hohle Wange des Abends.
Sie sind die gewaltigsten Zecher:
sie führen das Leere zum Mund wie das Volle
und schäumen nicht über wie du oder ich.

NACHTS, wenn das Pendel der Liebe schwingt
zwischen Immer und Nie,
stößt dein Wort zu den Monden des Herzens
und dein gewitterhaft blaues
Aug reicht der Erde den Himmel.

Aus fernem, aus traumgeschwärztem
Hain weht uns an das Verhauchte,
und das Versäumte geht um, groß wie die Schemen der
                                                    Zukunft.

Was sich nun senkt und hebt,
gilt dem zuinnerst Vergrabnen:
blind wie der Blick, den wir tauschen,
küßt es die Zeit auf den Mund.

So schlafe, und mein Aug wird offen bleiben.
Der Regen füllt' den Krug, wir leerten ihn.
Es wird die Nacht ein Herz, das Herz ein Hälmlein treiben –
Doch ists zu spät zum Mähen, Schnitterin.

So schneeig weiß sind, Nachtwind, deine Haare!
Weiß, was mir bleibt, und weiß, was ich verlier!
Sie zählt die Stunden, und ich zähl die Jahre.
Wir tranken Regen. Regen tranken wir.

So bist du denn geworden
wie ich dich nie gekannt:
dein Herz schlägt allerorten
in einem Brunnenland,

wo kein Mund trinkt und keine
Gestalt die Schatten säumt,
wo Wasser quillt zum Scheine
und Schein wie Wasser schäumt.

Du steigst in alle Brunnen,
du schwebst durch jeden Schein.
Du hast ein Spiel ersonnen,
das will vergessen sein.

DIE FESTE BURG

Ich weiß das abendlichste aller Häuser: ein
viel tiefres Aug als deines hält dort Ausschau.
Vom Giebel weht die große Kummerfahne:
ihr grünes Tuch – du weißt nicht, daß du's webtest.
Auch fliegts so hoch, als hättst nicht du's gewebt.
Das Wort, von dem du Abschied nahmst, heißt dich am Tor
                                                    willkommen,
und was dich hier gestreift hat, Halm und Herz und Blume,
ist längst dort Gast und streift dich nimmermehr.
Doch trittst in jenem Haus du vor den Spiegel,
so sehen drei, so sehen Blume, Herz und Halm dich an.
Und jenes tiefre Aug, es trinkt dein tiefes Auge.

DER Tauben weißeste flog auf: ich darf dich lieben!
Im leisen Fenster schwankt die leise Tür.
Der stille Baum trat in die stille Stube.
Du bist so nah, als weiltest du nicht hier.

Aus meiner Hand nimmst du die große Blume:
sie ist nicht weiß, nicht rot, nicht blau – doch nimmst du sie.
Wo sie nie war, da wird sie immer bleiben.
Wir waren nie, so bleiben wir bei ihr.

HALME DER NACHT

SCHLAF UND SPEISE

Der Hauch der Nacht ist dein Laken, die Finsternis legt sich
zu dir.
Sie rührt dir an Knöchel und Schläfe, sie weckt dich zu Leben
und Schlaf,
sie spürt dich im Wort auf, im Wunsch, im Gedanken,
sie schläft bei jedem von ihnen, sie lockt dich hervor.
Sie kämmt dir das Salz aus den Wimpern und tischt es dir auf,
sie lauscht deinen Stunden den Sand ab und setzt ihn dir vor.
Und was sie als Rose war, Schatten und Wasser,
schenkt sie dir ein.

DER REISEKAMERAD

Deiner Mutter Seele schwebt voraus.
Deiner Mutter Seele hilft die Nacht umschiffen, Riff um Riff.
Deiner Mutter Seele peitscht die Haie vor dir her.

Dieses Wort ist deiner Mutter Mündel.
Deiner Mutter Mündel teilt dein Lager, Stein um Stein.
Deiner Mutter Mündel bückt sich nach der Krume Lichts.

AUGEN:
schimmernd vom Regen, der strömte,
als Gott mir zu trinken befahl.

Augen:
Gold, das die Nacht in die Hände mir zählt',
als ich Nesseln pflückt'
und die Schatten der Sprüche reutet'.

Augen:
Abend, der über mir aufglomm, als ich aufriß das Tor
und durchwintert vom Eis meiner Schläfen
durch die Weiler der Ewigkeit sprengt'.

DIE EWIGKEIT

Rinde des Nachtbaums, rostgeborene Messer
flüstern dir zu die Namen, die Zeit und die Herzen.
Ein Wort, das schlief, als wirs hörten,
schlüpft unters Laub:
beredt wird der Herbst sein,
beredter die Hand, die ihn aufliest,
frisch wie der Mohn des Vergessens der Mund, der sie küßt.

BRANDUNG

Du, Stunde, flügelst in den Dünen.

Die Zeit, aus feinem Sande, singt in meinen Armen:
ich lieg bei ihr, ein Messer in der Rechten.

So schäume, Welle! Fisch, trau dich hervor!
Wo Wasser ist, kann man noch einmal leben,
noch einmal mit dem Tod im Chor die Welt herübersingen,
noch einmal aus dem Hohlweg rufen: Seht,
wir sind geborgen,
seht, das Land war unser, seht,
wie wir dem Stern den Weg vertraten!

Aus Herzen und Hirnen
sprießen die Halme der Nacht,
und ein Wort, von Sensen gesprochen,
neigt sie ins Leben.

Stumm wie sie
wehn wir der Welt entgegen:
unsere Blicke,
getauscht, um getröstet zu sein,
tasten sich vor,
winken uns dunkel heran.

Blicklos
schweigt nun dein Aug in mein Aug sich,
wandernd
heb ich dein Herz an die Lippen,
hebst du mein Herz an die deinen:
was wir jetzt trinken,
stillt den Durst der Stunden;
was wir jetzt sind,
schenken die Stunden der Zeit ein.

Munden wir ihr?
Kein Laut und kein Licht
schlüpft zwischen uns, es zu sagen.

O Halme, ihr Halme.
Ihr Halme der Nacht.

UNSTETES Herz, dem die Heide die Stadt baut
inmitten der Kerzen und Stunden,
du steigst
mit den Pappeln hinan zu den Teichen:
im Nächtlichen schnitzt dort
die Flöte den Freund ihres Schweigens
und zeigt ihn den Wassern.
Am Ufer
wandelt vermummt der Gedanke und lauscht:
denn nichts
tritt hervor in eigner Gestalt,
und das Wort, das über dir glänzt,
glaubt an den Käfer im Farn.

SIE kämmt ihr Haar wie mans den Toten kämmt:
sie trägt den blauen Scherben unterm Hemd.

Sie trägt den Scherben Welt an einer Schnur.
Sie weiß die Worte, doch sie lächelt nur.

Sie mischt ihr Lächeln in den Becher Wein:
du mußt ihn trinken, in der Welt zu sein.

Du bist das Bild, das ihr der Scherben zeigt,
wenn sie sich sinnend übers Leben neigt.

Da du geblendet von Worten
ihn stampfst aus der Nacht,
den Baum, dem sein Schatten vorausblüht:
fliegt ihm das Aschenlid zu, darunter das Auge der Schwester
Schnee zu Gedanken verspann –

Nun ist des Laubes genug,
Windhauch und Spruch zu erraten,
und die Sterne, gehäuft,
stehn jetzt im Spiegel der Zeit.

Setze den Fuß in die Mulde, spanne das Zelt:
sie, die Schwester, folgt dir dahin,
und der Tod, aus der Lidspalte tretend,
bricht zum Willkomm euch das Brot,
langt nach dem Becher wie ihr.

Und ihr würzt ihm den Wein.

LANDSCHAFT

Ihr hohen Pappeln – Menschen dieser Erde!
Ihr schwarzen Teiche Glücks – ihr spiegelt sie zu Tode!

Ich sah dich, Schwester, stehn in diesem Glanze.

STILLE!

Stille! Ich treibe den Dorn in dein Herz,
denn die Rose, die Rose
steht mit den Schatten im Spiegel, sie blutet!
Sie blutete schon, als wir mischten das Ja und das Nein,
als wirs schlürften,
weil ein Glas, das vom Tisch sprang, erklirrte:
es läutete ein eine Nacht, die finsterte länger als wir.

Wir tranken mit gierigen Mündern:
es schmeckte wie Galle,
doch schäumt' es wie Wein –
Ich folgte dem Strahl deiner Augen,
und die Zunge lallte uns Süße . . .
(So lallt sie, so lallt sie noch immer.)

Stille! Der Dorn dringt dir tiefer ins Herz:
er steht im Bund mit der Rose.

WASSER UND FEUER

So warf ich dich denn in den Turm und sprach ein Wort zu
den Eiben,
draus sprang eine Flamme, die maß dir ein Kleid an, dein
Brautkleid:

Hell ist die Nacht,
hell ist die Nacht, die uns Herzen erfand,
hell ist die Nacht!

Sie leuchtet weit übers Meer,
sie weckt die Monde im Sund und hebt sie auf gischtende Tische,
sie wäscht sie mir rein von der Zeit:
Totes Silber, leb auf, sei Schüssel und Napf wie die Muschel!

Der Tisch wogt stundauf und stundab,
der Wind füllt die Becher,
das Meer wälzt die Speise heran:
das schweifende Aug, das gewitternde Ohr,
den Fisch und die Schlange –

Der Tisch wogt nachtaus und nachtein,
und über mir fluten die Fahnen der Völker,
und neben mir rudern die Menschen die Särge an Land,
und unter mir himmelts und sternts wie daheim um Johanni!

Und ich blick hinüber zu dir,
Feuerumsonnte:
Denk an die Zeit, da die Nacht mit uns auf den Berg stieg,
denk an die Zeit,
denk, daß ich war, was ich bin:
ein Meister der Kerker und Türme,

ein Hauch in den Eiben, ein Zecher im Meer,
ein Wort, zu dem du herabbrennst.

ZÄHLE die Mandeln,
zähle, was bitter war und dich wachhielt,
zähl mich dazu:

Ich suchte dein Aug, als du's aufschlugst und niemand dich
ansah,
ich spann jenen heimlichen Faden,
an dem der Tau, den du dachtest,
hinunterglitt zu den Krügen,
die ein Spruch, der zu niemandes Herz fand, behütet.

Dort erst tratest du ganz in den Namen, der dein ist,
schrittest du sicheren Fußes zu dir,
schwangen die Hämmer frei im Glockenstuhl deines
Schweigens,
stieß das Erlauschte zu dir,
legte das Tote den Arm auch um dich,
und ihr ginget selbdritt durch den Abend.

Mache mich bitter.
Zähle mich zu den Mandeln.

VON SCHWELLE ZU SCHWELLE

Für Gisèle

SIEBEN ROSEN SPÄTER

ICH HÖRTE SAGEN

Ich hörte sagen, es sei
im Wasser ein Stein und ein Kreis
und über dem Wasser ein Wort,
das den Kreis um den Stein legt.

Ich sah meine Pappel hinabgehn zum Wasser,
ich sah, wie ihr Arm hinuntergriff in die Tiefe,
ich sah ihre Wurzeln gen Himmel um Nacht flehn.

Ich eilt ihr nicht nach,
ich las nur vom Boden auf jene Krume,
die deines Auges Gestalt hat und Adel,
ich nahm dir die Kette der Sprüche vom Hals
und säumte mit ihr den Tisch, wo die Krume nun lag.

Und sah meine Pappel nicht mehr.

IM SPÄTROT

Im Spätrot schlafen die Namen:
einen
weckt deine Nacht
und führt ihn, mit weißen Stäben entlang-
tastend am Südwall des Herzens,
unter die Pinien:
eine, von menschlichem Wuchs,
schreitet zur Töpferstadt hin,
wo der Regen einkehrt als Freund
einer Meeresstunde.
Im Blau
spricht sie ein schattenverheißendes Baumwort,
und deiner Liebe Namen
zählt seine Silben hinzu.

LEUCHTEN

Schweigenden Leibes
liegst du im Sand neben mir,
Übersternte.

. . . .

Brach sich ein Strahl
herüber zu mir?
Oder war es der Stab,
den man brach über uns,
der so leuchtet?

GEMEINSAM

Da nun die Nacht und die Stunde,
so auf den Schwellen nennt,
die eingehn und ausgehn,

guthieß, was wir getan,
da uns kein Drittes den Weg wies,

werden die Schatten nicht
einzeln kommen, wenn mehr
sein soll als heute sich kundtat,

werden die Fittiche nicht
später dir rauschen als mir –

Sondern es rollt übers Meer
der Stein, der neben uns schwebte,
und in der Spur, die er zieht,
laicht der lebendige Traum.

MIT ÄXTEN SPIELEND

Sieben Stunden der Nacht, sieben Jahre des Wachens:
mit Äxten spielend,
liegst du im Schatten aufgerichteter Leichen
– o Bäume, die du nicht fällst! –,
zu Häupten den Prunk des Verschwiegnen,
den Bettel der Worte zu Füßen,
liegst du und spielst mit den Äxten –
und endlich blinkst du wie sie.

DAS SCHWERE

Das Schwere, das du mir zuwarfst:
es macht mir den Stein nicht gewogen, der aufklafft,
wenn ich mit murmelndem Finger
in sein von Tiefen gekämmtes Haar greif.

Dich nur
neigt zu mir hin,
was du geworfen.

Rede von Blei.
Rede von Blei, sobald uns der Mond glänzt.
Strähle mein Pferd.
Strähle mein Pferd, wenn die Hand hier das Brot bricht.
Reit's an den Tisch hier zur Tränke.

EIN KÖRNCHEN SANDS

Stein, aus dem ich dich schnitzt,
als die Nacht ihre Wälder verheerte:
ich schnitzt dich als Baum
und hüllt dich ins Braun meines leisesten Spruchs
wie in Borke –

Ein Vogel,
der rundesten Träne entschlüpft,
regt sich wie Laub über dir:

du kannst warten,
bis unter allen den Augen ein Sandkorn dir aufglimmt,
ein Körnchen Sands,
das mir träumen half,
als ich niedertaucht, dich zu finden –

Du treibst ihm die Wurzel entgegen,
die dich flügge macht, wenn der Boden von Tod glüht,
du reckst dich empor,
und ich schweb dir voraus als ein Blatt,
das weiß, wo die Tore sich auftun.

STRÄHNE

Strähne, die ich nicht flocht, die ich wehn ließ,
die weiß ward von Kommen und Gehen,
die sich gelöst von der Stirn, an der ich vorbeiglitt
im Stirnenjahr –:

dies ist ein Wort, das sich regt
Firnen zulieb,
ein Wort, das schneewärts geäugt,
als ich, umsommert von Augen,
der Braue vergaß, die du über mich spanntest,
ein Wort, das mich mied,
als die Lippe mir blutet' vor Sprache.

Dies ist ein Wort, das neben den Worten einherging,
ein Wort nach dem Bilde des Schweigens,
umbuscht von Singrün und Kummer.

Niedergehn hier die Fernen,
und du,
ein flockiger Haarstern,
schneist hier herab
und rührst an den erdigen Mund.

AUS DEM MEER

Wir haben begangen das Eine und Leise,
wir schossen hinab in die Tiefe,
aus der man der Ewigkeit Schaum spinnt -
Wir haben ihn nicht gesponnen,
wir hatten die Hände nicht frei.

Sie blieben verflochten zu Netzen –
von obenher zerren sie dran . . .
O messerumfunkelte Augen:
wir fingen den Schattenfisch, seht!

ZWIEGESTALT

Laß dein Aug in der Kammer sein eine Kerze,
den Blick einen Docht,
laß mich blind genug sein,
ihn zu entzünden.

Nein.
Laß anderes sein.

Tritt vor dein Haus,
schirr deinen scheckigen Traum an,
laß seine Hufe reden
zum Schnee, den du fortbliest
vom First meiner Seele.

FERNEN

Aug in Aug, in der Kühle,
laß uns auch solches beginnen:
gemeinsam
laß uns atmen den Schleier,
der uns voreinander verbirgt,
wenn der Abend sich anschickt zu messen,
wie weit es noch ist
von jeder Gestalt, die er annimmt,
zu jeder Gestalt,
die er uns beiden geliehn.

WO EIS IST

Wo Eis ist, ist Kühle für zwei.
Für zwei: so ließ ich dich kommen.
Ein Hauch wie von Feuer war um dich –
Du kamst von der Rose her.

Ich fragte: Wie hieß man dich dort?
Du nanntest ihn mir, jenen Namen:
ein Schein wie von Asche lag drauf –
Von der Rose her kamst du.

Wo Eis ist, ist Kühle für zwei:
ich gab dir den Doppelnamen.
Du schlugst dein Aug auf darunter –
Ein Glanz lag über der Wuhne.

Nun schließ ich, so sprach ich, das meine –:
Nimm dieses Wort – mein Auge redet's dem deinen!
Nimm es, sprich es mir nach,
sprich es mir nach, sprich es langsam,
sprich's langsam, zögr es hinaus,
und dein Aug – halt es offen so lang noch!

VON DUNKEL ZU DUNKEL

Du schlugst die Augen auf – ich seh mein Dunkel leben.
Ich seh ihm auf den Grund:
auch da ists mein und lebt.

Setzt solches über? Und erwacht dabei?
Wes Licht folgt auf dem Fuß mir,
daß sich ein Ferge fand?

IN GESTALT EINES EBERS

In Gestalt eines Ebers
stampft dein Traum durch die Wälder am Rande des Abends.
Blitzendweiß
wie das Eis, aus dem er hervorbrach,
sind seine Hauer.

Eine bittere Nuß
wühlt er hervor unterm Laub,
das sein Schatten den Bäumen entriß,
eine Nuß,
schwarz wie das Herz, das dein Fuß vor sich herstieß,
als du selber hier schrittst.

Er spießt sie auf
und erfüllt das Gehölz mit grunzendem Schicksal,
dann treibts ihn
hinunter zur Küste,
dorthin, wo das Meer
seiner Feste finsterstes gibt
auf den Klippen:

vielleicht
daß eine Frucht wie die seine
das feiernde Auge entzückt,
das solche Steine geweint hat.

BRETONISCHER STRAND

Versammelt ist, was wir sahen,
zum Abschied von dir und von mir:
das Meer, das uns Nächte an Land warf,
der Sand, der sie mit uns durchflogen,
das rostrote Heidekraut droben,
darin die Welt uns geschah.

GUT

Gut, daß ich über dich hinflog.
Gut, daß auch ich mir erklang, als der Himmel dir quoll aus
                                                                den Augen.
Gut, daß ich sah, wessen Stern darin glomm –
Gut, daß ich dennoch nicht aufschrie.

Denn nun gellt dir die Stimme im Ohr,
die mich wild vor sich herstieß.
Und der mich peitschte, der Regen,
meißelt dir jetzt einen Mund,
der spricht, wenn die Sterne schrumpfen,
der schwillt, wenn die Himmel verebben.

ZU ZWEIEN

Zu zweien schwimmen die Toten,
zu zweien, umflossen von Wein.
Im Wein, den sie über dich gossen,
schwimmen die Toten zu zwein.

Sie flochten ihr Haar sich zu Matten,
sie wohnen einander bei.
Du wirf deinen Würfel noch einmal
und tauch in ein Auge der Zwei.

DER GAST

Lange vor Abend
kehrt bei dir ein, der den Gruß getauscht mit dem Dunkel.
Lange vor Tag
wacht er auf
und facht, eh er geht, einen Schlaf an,
einen Schlaf, durchklungen von Schritten:
du hörst ihn die Fernen durchmessen
und wirfst deine Seele dorthin.

MIT WECHSELNDEM SCHLÜSSEL

GRABSCHRIFT FÜR FRANÇOIS

Die beiden Türen der Welt
stehen offen:
geöffnet von dir
in der Zwienacht.
Wir hören sie schlagen und schlagen
und tragen das ungewisse,
und tragen das Grün in dein Immer.

Oktober 1953

AUFS AUGE GEPFROPFT

Aufs Auge gepfropft
ist dir das Reis, das den Wäldern den Weg wies:
verschwistert den Blicken,
treibt es die schwarze,
die Knospe.

Himmelweit spannt sich das Lid diesem Frühling.
Lidweit dehnt sich der Himmel,
darunter, beschirmt von der Knospe,
der Ewige pflügt,
der Herr.

Lausche der Pflugschar, lausche.
Lausche: sie knirscht
über der harten, der hellen,
der unvordenklichen Träne.

DER UNS DIE STUNDEN ZÄHLTE

Der uns die Stunden zählte,
er zählt weiter.
Was mag er zählen, sag?
Er zählt und zählt.

Nicht kühler wirds,
nicht nächtiger,
nicht feuchter.

Nur was uns lauschen half:
es lauscht nun
für sich allein.

ASSISI

Umbrische Nacht.
Umbrische Nacht mit dem Silber von Glocke und Ölblatt.
Umbrische Nacht mit dem Stein, den du hertrugst.
Umbrische Nacht mit dem Stein.

    Stumm, was ins Leben stieg, stumm.
    Füll die Krüge um.

Irdener Krug.
Irdener Krug, dran die Töpferhand festwuchs.
Irdener Krug, den die Hand eines Schattens für immer
                                     verschloß.
Irdener Krug mit dem Siegel des Schattens.

    Stein, wo du hinsiehst, Stein.
    Laß das Grautier ein.

Trottendes Tier.
Trottendes Tier im Schnee, den die nackteste Hand streut.
Trottendes Tier vor dem Wort, das ins Schloß fiel.
Trottendes Tier, das den Schlaf aus der Hand frißt.

    Glanz, der nicht trösten will, Glanz.
    Die Toten – sie betteln noch, Franz.

AUCH HEUTE ABEND

Voller,
da Schnee auch auf dieses
sonnendurchschwommene Meer fiel,
blüht das Eis in den Körben,
die du zur Stadt trägst.

Sand
heischst du dafür,
denn die letzte
Rose daheim
will auch heut abend gespeist sein
aus rieselnder Stunde.

VOR EINER KERZE

Aus getriebenem Golde, so
wie du's mir anbefahlst, Mutter,
formt ich den Leuchter, daraus
sie empor mir dunkelt inmitten
splitternder Stunden:
deines
Totseins Tochter.

Schlank von Gestalt,
ein schmaler, mandeläugiger Schatten,
Mund und Geschlecht
umtanzt von Schlummergetier,
entschwebt sie dem klaffenden Golde,
steigt sie hinan
zum Scheitel des Jetzt.

Mit nachtverhangnen
Lippen
sprech ich den Segen:

      Im Namen der Drei,
      die einander befehden, bis
      der Himmel hinabtaucht ins Grab der Gefühle,
      im Namen der Drei, deren Ringe
      am Finger mir glänzen, sooft
      ich den Bäumen im Abgrund das Haar lös,
      auf daß die Tiefe durchrauscht sei von reicherer Flut –,
      im Namen des ersten der Drei,
      der aufschrie,

als es zu leben galt dort, wo vor ihm sein Wort schon
gewesen,
im Namen des zweiten, der zusah und weinte,
im Namen des dritten, der weiße
Steine häuft in der Mitte, –
sprech ich dich frei
vom Amen, das uns übertäubt,
vom eisigen Licht, das es säumt,
da, wo es turmhoch ins Meer tritt,
da, wo die graue, die Taube
aufpickt die Namen
diesseits und jenseits des Sterbens:
Du bleibst, du bleibst, du bleibst
einer Toten Kind,
geweiht dem Nein meiner Sehnsucht,
vermählt einer Schrunde der Zeit,
vor die mich das Mutterwort führte,
auf daß ein einziges Mal
erzittre die Hand,
die je und je mir ans Herz greift!

MIT WECHSELNDEM SCHLÜSSEL

Mit wechselndem Schlüssel
schließt du das Haus auf, darin
der Schnee des Verschwiegenen treibt.
Je nach dem Blut, das dir quillt
aus Aug oder Mund oder Ohr,
wechselt dein Schlüssel.

Wechselt dein Schlüssel, wechselt das Wort,
das treiben darf mit den Flocken.
Je nach dem Wind, der dich fortstößt,
ballt um das Wort sich der Schnee.

HIER

Hier – das meint hier, wo die Kirschblüte schwärzer sein will
als dort.
Hier – das meint diese Hand, die ihr hilft, es zu sein.
Hier – das meint jenes Schiff, auf dem ich den Sandstrom
heraufkam:
vertäut
liegt es im Schlaf, den du streutest.

Hier – das meint einen Mann, den ich kenne:
seine Schläfe ist weiß,
wie die Glut, die er löschte.
Er warf mir sein Glas an die Stirn
und kam,
als ein Jahr herum war,
die Narbe zu küssen.
Er sprach den Fluch und den Segen
und sprach nicht wieder seither.

Hier – das meint diese Stadt,
die von dir und der Wolke regiert wird,
von ihren Abenden her.

STILLEBEN

Kerze bei Kerze, Schimmer bei Schimmer, Schein bei Schein.

Und dies hier, darunter: ein Aug,
ungepaart und geschlossen,
das Späte bewimpernd, das anbrach,
ohne der Abend zu sein.

Davor das Fremde, des Gast du hier bist:
die lichtlose Distel,
mit der das Dunkel die Seinen bedenkt,
aus der Ferne,
um unvergessen zu bleiben.

Und dies noch, verschollen im Tauben:
der Mund,
versteint und verbissen in Steine,
angerufen vom Meer,
das sein Eis die Jahre hinanwälzt.

UND DAS SCHÖNE

Und das schöne, das du rauftest, und das Haar,
das du raufst:
welcher Kamm
kämmt es wieder glatt, das schöne Haar?
Welcher Kamm
in wessen Hand?

Und die Steine, die du häuftest,
die du häufst:
wohin werfen sie die Schatten,
und wie weit?

Und der Wind, der drüber hinstreicht,
und der Wind:
rafft er dieser Schatten einen,
mißt er ihn dir zu?

WALDIG

Waldig, von Hirschen georgelt,
umdrängt die Welt nun das Wort,
das auf den Lippen dir säumt,
durchglüht von gefristetem Sommer.

Sie hebt es hinweg und du folgst ihm,
du folgst ihm und strauchelst – du spürst,
wie ein Wind, dem du lange vertrautest,
dir den Arm ums Heidekraut biegt:

wer schlafher kam
und schlafhin sich wandte,
darf das Verwunschene wiegen.

Du wiegst es hinab zu den Wassern,
darin sich der Eisvogel spiegelt,
nahe am Nirgends der Nester.

Du wiegst es hinab durch die Schneise,
die tief in der Baumglut nach Schnee giert,
du wiegst es hinüber zum Wort,
das dort nennt, was schon weiß ist an dir.

ABEND DER WORTE

Abend der Worte – Rutengänger im Stillen!
Ein Schritt und noch einer,
ein dritter, des Spur
dein Schatten nicht tilgt:

die Narbe der Zeit
tut sich auf
und setzt das Land unter Blut –
Die Doggen der Wortnacht, die Doggen
schlagen nun an
mitten in dir:
sie feiern den wilderen Durst,
den wilderen Hunger ...

Ein letzter Mond springt dir bei:
einen langen silbernen Knochen
– nackt wie der Weg, den du kamst –
wirft er unter die Meute,
doch rettets dich nicht:
der Strahl, den du wecktest,
schäumt näher heran,
und obenauf schwimmt eine Frucht,
in die du vor Jahren gebissen.

DIE HALDE

Neben mir lebst du, gleich mir:
als ein Stein
in der eingesunkenen Wange der Nacht.

O diese Halde, Geliebte,
wo wir pausenlos rollen,
wir Steine,
von Rinnsal zu Rinnsal.
Runder von Mal zu Mal.
Ähnlicher. Fremder.

O dieses trunkene Aug,
das hier umherirrt wie wir
und uns zuweilen
staunend in eins schaut.

ICH WEISS

Und du, auch du –:
verpuppt.
Wie alles Nachtgewiegte.

Dies Flattern, Flügeln rings:
ich hörs – ich seh es nicht!

Und du,
wie alles Tagenthobene:
verpuppt.

Und Augen, die dich suchen.
Und mein Aug darunter.

Ein Blick:
ein Faden mehr, der dich umspinnt.

Dies späte, späte Licht.
Ich weiß: die Fäden glänzen.

DIE FELDER

Immer die eine, die Pappel
am Saum des Gedankens.
Immer der Finger, der aufragt
am Rain.

Weit schon davor
zögert die Furche im Abend.
Aber die Wolke:
sie zieht.

Immer das Aug.
Immer das Aug, dessen Lid
du aufschlägst beim Schein
seines gesenkten Geschwisters.
Immer dies Aug.

Immer dies Aug, dessen Blick
die eine, die Pappel umspinnt.

ANDENKEN

Feigengenährt sei das Herz,
darin sich die Stunde besinnt
auf das Mandelauge des Toten.
Feigengenährt.

Schroff, im Anhauch des Meers,
die gescheiterte
Stirne,
die Klippenschwester.

Und um dein Weißhaar vermehrt
das Vlies
der sömmernden Wolke.

INSELHIN

NÄCHTLICH GESCHÜRZT

Für Hannah und Hermann Lenz

Nächtlich geschürzt
die Lippen der Blumen,
gekreuzt und verschränkt
die Schäfte der Fichten,
ergraut das Moos, erschüttert der Stein,
erwacht zum unendlichen Fluge
die Dohlen über dem Gletscher:

dies ist die Gegend, wo
rasten, die wir ereilt:

sie werden die Stunde nicht nennen,
die Flocken nicht zählen,
den Wassern nicht folgen ans Wehr.

Sie stehen getrennt in der Welt,
ein jeglicher bei seiner Nacht,
ein jeglicher bei seinem Tode,
unwirsch, barhaupt, bereift
von Nahem und Fernem.

Sie tragen die Schuld ab, die ihren Ursprung beseelte,
sie tragen sie ab an ein Wort,
das zu Unrecht besteht, wie der Sommer.

Ein Wort – du weißt:
eine Leiche.

Laß uns sie waschen,
laß uns sie kämmen,
laß uns ihr Aug
himmelwärts wenden.

AUGE DER ZEIT

Dies ist das Auge der Zeit:
es blickt scheel
unter siebenfarbener Braue.
Sein Lid wird von Feuern gewaschen,
seine Träne ist Dampf.

Der blinde Stern fliegt es an
und zerschmilzt an der heißeren Wimper:
es wird warm in der Welt,
und die Toten
knospen und blühen.

FLÜGELNACHT

Flügelnacht, weither gekommen und nun
für immer gespannt
über Kreide und Kalk.
Kiesel, abgrundhin rollend.
Schnee. Und mehr noch des Weißen.

Unsichtbar,
was braun schien,
gedankenfarben und wild
überwuchert von Worten.

Kalk ist und Kreide.
Und Kiesel.
Schnee. Und mehr noch des Weißen.

Du, du selbst:
in das fremde
Auge gebettet, das dies
überblickt.

WELCHEN DER STEINE DU HEBST

Welchen der Steine du hebst –
du entblößt,
die des Schutzes der Steine bedürfen:
nackt,
erneuern sie nun die Verflechtung.

Welchen der Bäume du fällst –
du zimmerst
die Bettstatt, darauf
die Seelen sich abermals stauen,
als schütterte nicht
auch dieser
Äon.

Welches der Worte du sprichst -
du dankst
dem Verderben.

IN MEMORIAM PAUL ELUARD

Lege dem Toten die Worte ins Grab,
die er sprach, um zu leben.
Bette sein Haupt zwischen sie,
laß ihn fühlen
die Zungen der Sehnsucht,
die Zangen.

Leg auf die Lider des Toten das Wort,
das er jenem verweigert,
der du zu ihm sagte,
das Wort,
an dem das Blut seines Herzens vorbeisprang,
als eine Hand, so nackt wie die seine,
jenen, der du zu ihm sagte,
in die Bäume der Zukunft knüpfte.

Leg ihm dies Wort auf die Lider:
vielleicht
tritt in sein Aug, das noch blau ist,
eine zweite, fremdere Bläue,
und jener, der du zu ihm sagte,
träumt mit ihm: Wir.

SCHIBBOLETH

Mitsamt meinen Steinen,
den großgeweinten
hinter den Gittern,

schleiften sie mich
in die Mitte des Marktes,
dorthin,
wo die Fahne sich aufrollt, der ich
keinerlei Eid schwor.

Flöte,
Doppelflöte der Nacht:
denke der dunklen
Zwillingsröte
in Wien und Madrid.

Setz deine Fahne auf Halbmast,
Erinnrung.
Auf Halbmast
für heute und immer.

Herz:
gib dich auch hier zu erkennen,
hier, in der Mitte des Marktes.
Ruf's, das Schibboleth, hinaus
in die Fremde der Heimat:
Februar. No pasaran.

Einhorn:
du weißt um die Steine,
du weißt um die Wasser,
komm,
ich führ dich hinweg
zu den Stimmen
von Estremadura.

WIR SEHEN DICH

Wir sehen dich, Himmel, wir sehn dich.
Pocke um Pocke
treibst du hervor,
Pustel um Pustel.
So mehrst du die Ewigkeit.

Wir sehen dich, Erde, wir sehn dich.
Seele um Seele
setzest du aus,
Schatten um Schatten.
So atmen die Brände der Zeit.

KENOTAPH

Streu deine Blumen, Fremdling, streu sie getrost:
du reichst sie den Tiefen hinunter,
den Gärten.

Der hier liegen sollte, er liegt
nirgends. Doch liegt die Welt neben ihm.
Die Welt, die ihr Auge aufschlug
vor mancherlei Flor.

Er aber hielts, da er manches erblickt,
mit den Blinden:
er ging und pflückte zuviel:
er pflückte den Duft –
und die's sahn, verziehn es ihm nicht.

Nun ging er und trank einen seltsamen Tropfen:
das Meer.
Die Fische –
stießen die Fische zu ihm?

SPRICH AUCH DU

Sprich auch du,
sprich als letzter,
sag deinen Spruch.

Sprich –
Doch scheide das Nein nicht vom Ja.
Gib deinem Spruch auch den Sinn:
gib ihm den Schatten.

Gib ihm Schatten genug,
gib ihm so viel,
als du um dich verteilt weißt zwischen
Mittnacht und Mittag und Mittnacht.

Blicke umher:
sieh, wie's lebendig wird rings –
Beim Tode! Lebendig!
Wahr spricht, wer Schatten spricht.

Nun aber schrumpft der Ort, wo du stehst:
Wohin jetzt, Schattenentblößter, wohin?
Steige. Taste empor.
Dünner wirst du, unkenntlicher, feiner!
Feiner: ein Faden,
an dem er herabwill, der Stern:
um unten zu schwimmen, unten,
wo er sich schimmern sieht: in der Dünung
wandernder Worte.

MIT ZEITROTEN LIPPEN

Im Meer gereift ist der Mund,
dessen Worte der Abend hier nachspricht
im Angesicht seiner Länder.
Murmelnd spricht er sie nach,
mit zeitroten Lippen.

Mund, gezeitigt vom Meer,
vom Meer, wo der Thun schwamm
im Glanze,
der menschenher strahlt.

Silber des Thuns, den der Strahl traf,
Spiegelsilber des Thuns:
aufscheint den Augen
die zweite, die wandernde Glorie
der Stirnen.

Silber und Silber.
Doppelsilber der Tiefe.

Rudre die Kähne dorthin,
Bruder.
Wirf deine Netze danach,
Bruder.

Zieh es herauf,
wirf es uns in die Häuser,
wirf es uns auf die Tische,
wirf es uns auf die Teller —

Sieh, unsre Lippen schwellen,
zeitrot auch sie wie der Abend,
murmelnd auch sie –
und der Mund aus dem Meer
taucht schon empor
zum unendlichen Kusse.

ARGUMENTUM E SILENTIO

Für René Char

An die Kette gelegt
zwischen Gold und Vergessen:
die Nacht.
Beide griffen nach ihr.
Beide ließ sie gewähren.

Lege,
lege auch du jetzt dorthin, was herauf-
dämmern will neben den Tagen:
das sternüberflogene Wort,
das meerübergossne.

Jedem das Wort.
Jedem das Wort, das ihm sang,
als die Meute ihn hinterrücks anfiel –
Jedem das Wort, das ihm sang und erstarrte.

Ihr, der Nacht,
das sternüberflogne, das meerübergossne,
ihr das erschwiegne,
dem das Blut nicht gerann, als der Giftzahn
die Silben durchstieß.

Ihr das erschwiegene Wort.

Wider die andern, die bald,
die umhurt von den Schinderohren,
auch Zeit und Zeiten erklimmen,

zeugt es zuletzt,
zuletzt, wenn nur Ketten erklingen,
zeugt es von ihr, die dort liegt
zwischen Gold und Vergessen,
beiden verschwistert von je –

Denn wo
dämmerts denn, sag, als bei ihr,
die im Stromgebiet ihrer Träne
tauchenden Sonnen die Saat zeigt
aber und abermals?

DIE WINZER

Für Nani und Klaus Demus

Sie herbsten den Wein ihrer Augen,
sie keltern alles Geweinte, auch dieses:
so will es die Nacht,
die Nacht, an die sie gelehnt sind, die Mauer,
so forderts der Stein,
der Stein, über den ihr Krückstock dahinspricht
ins Schweigen der Antwort –
ihr Krückstock, der einmal,
einmal im Herbst,
wenn das Jahr zum Tod schwillt, als Traube,
der einmal durchs Stumme hindurchspricht, hinab
in den Schacht des Erdachten.

Sie herbsten, sie keltern den Wein,
sie pressen die Zeit wie ihr Auge,
sie kellern das Sickernde ein, das Geweinte,
im Sonnengrab, das sie rüsten
mit nachtstarker Hand:
auf daß ein Mund danach dürste, später –
ein Spätmund, ähnlich dem ihren:
Blindem entgegengekrümmt und gelähmt –
ein Mund, zu dem der Trunk aus der Tiefe emporschäumt,
                                                   indes
der Himmel hinabsteigt ins wächserne Meer,
um fernher als Lichtstumpf zu leuchten,
wenn endlich die Lippe sich feuchtet.

INSELHIN

Inselhin, neben den Toten,
dem Einbaum waldher vermählt,
von Himmeln umgeiert die Arme,
die Seelen saturnisch beringt:

so rudern die Fremden und Freien,
die Meister vom Eis und vom Stein:
umläutet von sinkenden Bojen,
umbellt von der haiblauen See.

Sie rudern, sie rudern, sie rudern –:
Ihr Toten, ihr Schwimmer, voraus!
Umgittert auch dies von der Reuse!
Und morgen verdampft unser Meer!

SPRACHGITTER

I

Stimmen, ins Grün
der Wasserfläche geritzt.
Wenn der Eisvogel taucht,
sirrt die Sekunde: ·

Was zu dir stand
an jedem der Ufer,
es tritt
gemäht in ein anderes Bild.

*

Stimmen vom Nesselweg her:

Komm auf den Händen zu uns.
Wer mit der Lampe allein ist,
hat nur die Hand, draus zu lesen.

*

Stimmen, nachtdurchwachsen, Stränge,
an die du die Glocke hängst.

Wölbe dich, Welt:
Wenn die Totenmuschel heranschwimmt,
will es hier läuten.

Stimmen, vor denen dein Herz
ins Herz deiner Mutter zurückweicht.
Stimmen vom Galgenbaum her,
wo Spätholz und Frühholz die Ringe
tauschen und tauschen.

*

Stimmen, kehlig, im Grus,
darin auch Unendliches schaufelt,
(herz-)
schleimiges Rinnsal.

Setz hier die Boote aus, Kind,
die ich bemannte:

Wenn mittschiffs die Bö sich ins Recht setzt,
treten die Klammern zusammen.

*

Jakobsstimme:

Die Tränen.
Die Tränen im Bruderaug.
Eine blieb hängen, wuchs.
Wir wohnen darin.
Atme, daß
sie sich löse.

*

Stimmen im Innern der Arche:

Es sind
nur die Münder
geborgen. Ihr
Sinkenden, hört
auch uns.

*

Keine
Stimme – ein
Spätgeräusch, stundenfremd, deinen
Gedanken geschenkt, hier, endlich
herbeigewacht: ein
Fruchtblatt, augengroß, tief
geritzt; es
harzt, will nicht
vernarben.

II

ZUVERSICHT

Es wird noch ein Aug sein,
ein fremdes, neben
dem unsern: stumm
unter steinernem Lid.

Kommt, bohrt euren Stollen!

Es wird eine Wimper sein,
einwärts gekehrt im Gestein,
von Ungeweintem verstählt,
die feinste der Spindeln.

Vor euch tut sie das Werk,
als gäb es, weil Stein ist, noch Brüder.

MIT BRIEF UND UHR

Wachs,
Ungeschriebnes zu siegeln,
das deinen Namen
erriet,
das deinen Namen
verschlüsselt.

Kommst du nun, schwimmendes Licht?

Finger, wächsern auch sie,
durch fremde,
schmerzende Ringe gezogen.
Fortgeschmolzen die Kuppen.

Kommst du, schwimmendes Licht?

Zeitleer die Waben der Uhr,
bräutlich das Immentausend,
reisebereit.

Komm, schwimmendes Licht.

UNTER EIN BILD

Rabenüberschwärmte Weizenwoge.
Welchen Himmels Blau? Des untern? Obern?
Später Pfeil, der von der Seele schnellte.
Stärkres Schwirren. Näh'res Glühen. Beide Welten.

HEIMKEHR

Schneefall, dichter und dichter,
taubenfarben, wie gestern,
Schneefall, als schliefst du auch jetzt noch.

Weithin gelagertes Weiß.
Drüberhin, endlos,
die Schlittenspur des Verlornen.

Darunter, geborgen,
stülpt sich empor,
was den Augen so weh tut,
Hügel um Hügel,
unsichtbar.

Auf jedem,
heimgeholt in sein Heute,
ein ins Stumme entglittenes Ich:
hölzern, ein Pflock.

Dort: ein Gefühl,
vom Eiswind herübergeweht,
das sein tauben-, sein schnee-
farbenes Fahnentuch festmacht.

UNTEN

Heimgeführt ins Vergessen
das Gast-Gespräch unsrer
langsamen Augen.

Heimgeführt Silbe um Silbe, verteilt
auf die tagblinden Würfel, nach denen
die spielende Hand greift, groß,
im Erwachen.

Und das Zuviel meiner Rede:
angelagert dem kleinen
Kristall in der Tracht deines Schweigens.

HEUTE UND MORGEN

So steh ich, steinern, zur
Ferne, in die ich dich führte:

Von Flugsand
ausgewaschen die beiden
Höhlen am untern Stirnsaum.
Eräugtes
Dunkel darin.

Durchpocht
von schweigsam geschwungenen Hämmern
die Stelle,
wo mich das Flügelaug streifte.

Dahinter,
ausgespart in der Wand,
die Stufe,
drauf das Erinnerte hockt.

Hierher
sickert, von Nächten beschenkt,
eine Stimme,
aus der du den Trunk schöpfst.

SCHLIERE

Schliere im Aug:
von den Blicken auf halbem
Weg erschautes Verloren.
Wirklichgesponnenes Niemals,
wiedergekehrt.

Wege, halb – und die längsten.

Seelenbeschrittene Fäden,
Glasspur,
rückwärtsgerollt
und nun
vom Augen-Du auf dem steten
Stern über dir
weiß überschleiert.

Schliere im Aug:
daß bewahrt sei
ein durchs Dunkel getragenes Zeichen,
vom Sand (oder Eis?) einer fremden
Zeit für ein fremderes Immer
belebt und als stumm
vibrierender Mitlaut gestimmt.

III

TENEBRAE

Nah sind wir, Herr,
nahe und greifbar.

Gegriffen schon, Herr,
ineinander verkrallt, als wär
der Leib eines jeden von uns
dein Leib, Herr.

Bete, Herr,
bete zu uns,
wir sind nah.

Windschief gingen wir hin,
gingen wir hin, uns zu bücken
nach Mulde und Maar.

Zur Tränke gingen wir, Herr.

Es war Blut, es war,
was du vergossen, Herr.

Es glänzte.

Es warf uns dein Bild in die Augen, Herr.
Augen und Mund stehn so offen und leer, Herr.
Wir haben getrunken, Herr.
Das Blut und das Bild, das im Blut war, Herr.

Bete, Herr.
Wir sind nah.

BLUME

Der Stein.
Der Stein in der Luft, dem ich folgte.
Dein Aug, so blind wie der Stein.

Wir waren
Hände,
wir schöpften die Finsternis leer, wir fanden
das Wort, das den Sommer heraufkam:
Blume.

Blume – ein Blindenwort.
Dein Aug und mein Aug:
sie sorgen
für Wasser.

Wachstum.
Herzwand um Herzwand
blättert hinzu.

Ein Wort noch, wie dies, und die Hämmer
schwingen im Freien.

WEISS UND LEICHT

Sicheldünen, ungezählt.

Im Windschatten, tausendfach: du.
Du und der Arm,
mit dem ich nackt zu dir hinwuchs,
Verlorne.

Die Strahlen. Sie wehn uns zuhauf.
Wir tragen den Schein, den Schmerz und den Namen.

Weiß,
was sich uns regt,
ohne Gewicht,
was wir tauschen.
Weiß und Leicht:
laß es wandern.

Die Fernen, mondnah, wie wir. Sie bauen.
Sie bauen die Klippe, wo
sich das Wandernde bricht,
sie bauen
weiter:
mit Lichtschaum und stäubender Welle.

Das Wandernde, klippenher winkend.
Die Stirnen
winkt es heran,
die Stirnen, die man uns lieh,
um der Spiegelung willen.

Die Stirnen.
Wir rollen mit ihnen dorthin.
Stirnengestade.

Schläfst du?

Schlaf.

Meermühle geht,
eishell und ungehört,
in unsern Augen.

SPRACHGITTER

Augenrund zwischen den Stäben.

Flimmertier Lid
rudert nach oben,
gibt einen Blick frei.

Iris, Schwimmerin, traumlos und trüb:
der Himmel, herzgrau, muß nah sein.

Schräg, in der eisernen Tülle,
der blakende Span.
Am Lichtsinn
errätst du die Seele.

(Wär ich wie du. Wärst du wie ich.
Standen wir nicht
unter *einem* Passat?
Wir sind Fremde.)

Die Fliesen. Darauf,
dicht beieinander, die beiden
herzgrauen Lachen:
zwei
Mundvoll Schweigen.

SCHNEEBETT

Augen, weltblind, im Sterbegeklüft: Ich komm,
Hartwuchs im Herzen.
Ich komm.

Mondspiegel Steilwand. Hinab.
(Atemgeflecktes Geleucht. Strichweise Blut.
Wölkende Seele, noch einmal gestaltnah.
Zehnfingerschatten – verklammert.)

Augen weltblind,
Augen im Sterbegeklüft,
Augen Augen:

Das Schneebett unter uns beiden, das Schneebett.
Kristall um Kristall,
zeittief gegittert, wir fallen,
wir fallen und liegen und fallen.

Und fallen:
Wir waren. Wir sind.
Wir sind ein Fleisch mit der Nacht.
In den Gängen, den Gängen.

WINDGERECHT

Tafelwand, grau, mit dem Nachtfries.
Felder, windgerecht, Raute bei Raute,
schriftleer.
Leuchtassel klettert vorbei.

Gesänge:
Augenstimmen, im Chor,
lesen sich wund.
(Ungewesen und Da,
beides zumal,
geht durch die Herzen.)

Später:
Schneewuchs durch alle Gehäuse, frei
ein einziges Feld,
das ein Lichtschein beziffert: die Stimmen.

Die Stimmen:
windgerecht, herznah,
brandbestattet.

NACHT

Kies und Geröll. Und ein Scherbenton, dünn,
als Zuspruch der Stunde.

Augentausch, endlich, zur Unzeit:
bildbeständig,
verholzt
die Netzhaut –:
das Ewigkeitszeichen.

Denkbar:
droben, im Weltgestänge,
sterngleich,
das Rot zweier Münder.

Hörbar (vor Morgen?): ein Stein,
der den andern zum Ziel nahm.

MATIÈRE DE BRETAGNE

Ginsterlicht, gelb, die Hänge
eitern gen Himmel, der Dorn
wirbt um die Wunde, es läutet
darin, es ist Abend, das Nichts
rollt seine Meere zur Andacht,
das Blutsegel hält auf dich zu.

Trocken, verlandet
das Bett hinter dir, verschilft
seine Stunde, oben,
beim Stern, die milchigen
Priele schwatzen im Schlamm, Steindattel,
unten, gebuscht, klafft ins Gebläu, eine Staude
Vergänglichkeit, schön,
grüßt dein Gedächtnis.

(Kanntet ihr mich,
Hände? Ich ging
den gegabelten Weg, den ihr wiest, mein Mund
spie seinen Schotter, ich ging, meine Zeit,
wandernde Wächte, warf ihren Schatten – kanntet ihr mich?)

Hände, die dorn-
umworbene Wunde, es läutet,
Hände, das Nichts, seine Meere,
Hände, im Ginsterlicht, das
Blutsegel
hält auf dich zu.

Du
du lehrst
du lehrst deine Hände
du lehrst deine Hände du lehrst
du lehrst deine Hände
                    schlafen

SCHUTTKAHN

Wasserstunde, der Schuttkahn
fährt uns zu Abend, wir haben,
wie er, keine Eile, ein totes
Warum steht am Heck.

. . . .

Geleichtert. Die Lunge, die Qualle
bläht sich zur Glocke, ein brauner
Seelenfortsatz erreicht
das hellgeatmete Nein.

IV

KÖLN, AM HOF

Herzzeit, es stehn
die Geträumten für
die Mitternachtsziffer.

Einiges sprach in die Stille, einiges schwieg,
einiges ging seiner Wege.
Verbannt und Verloren
waren daheim.

Ihr Dome.

Ihr Dome ungesehn,
ihr Ströme unbelauscht,
ihr Uhren tief in uns.

IN DIE FERNE

Stummheit, aufs neue, geräumig, ein Haus –:
komm, du sollst wohnen.

Stunden, fluchschön gestuft: erreichbar
die Freistatt.

Schärfer als je die verbliebene Luft: du sollst atmen,
atmen und du sein.

EIN TAG UND NOCH EINER

Föhniges Du. Die Stille
flog uns voraus, ein zweites,
deutliches Leben.

Ich gewann, ich verlor, wir glaubten
an düstere Wunder, der Ast,
rasch an den Himmel geschrieben, trug uns, wuchs
durchs ziehende Weiß in die Mondbahn, ein Morgen
sprang ins Gestern hinauf, wir holten,
zerstoben, den Leuchter, ich stürzte
alles in niemandes Hand.

IN MUNDHÖHE

In Mundhöhe, fühlbar:
Finstergewächs.

(Brauchst es, Licht, nicht zu suchen, bleibst
das Schneegarn, hältst
deine Beute.

Beides gilt:
Berührt und Unberührt.
Beides spricht mit der Schuld von der Liebe,
beides will dasein und sterben.)

Blattnarben, Knospen, Gewimper.
Äugendes, tagfremd.
Schelfe, wahr und offen.

Lippe wußte. Lippe weiß.
Lippe schweigt es zu Ende.

EINE HAND

Der Tisch, aus Stundenholz, mit
dem Reisgericht und dem Wein.
Es wird
geschwiegen, gegessen, getrunken.

Eine Hand, die ich küßte,
leuchtet den Mündern.

ABER

(Du
fragst ja, ich
sags dir:)

Strahlengang, immer, die
Spiegel, nachtweit, stehn
gegeneinander, ich bin,
hingestoßen zu dir, eines
Sinnes mit diesem
Vorbei.

Aber: mein Herz
ging durch die Pause, es wünscht dir
das Aug, bildnah und zeitstark,
das mich verformt –:

die Schwäne,
in Genf, ich sah's nicht, flogen, es war,
als schwirrte, vom Nichts her, ein Wurfholz
ins Ziel einer Seele: soviel
Zeit
denk mir, als Auge, jetzt zu:
daß ichs
schwirren hör, näher – nicht
neben mir, nicht,
wo du nicht sein kannst.

ALLERSEELEN

Was hab ich
getan?
Die Nacht besamt, als könnt es
noch andere geben, nächtiger als
diese.

Vogelflug, Steinflug, tausend
beschriebene Bahnen. Blicke,
geraubt und gepflückt. Das Meer,
gekostet, vertrunken, verträumt. Eine Stunde,
seelenverfinstert. Die nächste, ein Herbstlicht,
dargebracht einem blinden
Gefühl, das des Wegs kam. Andere, viele,
ortlos und schwer aus sich selbst: erblickt und umgangen.
Findlinge, Sterne,
schwarz und voll Sprache: benannt
nach zerschwiegenem Schwur.

Und einmal (wann? auch dies ist vergessen):
den Widerhaken gefühlt,
wo der Puls den Gegentakt wagte.

ENTWURF EINER LANDSCHAFT

Rundgräber, unten. Im
Viertakt der Jahresschritt auf
den Steilstufen rings.

Laven, Basalte, weltherz-
durchglühtes Gestein.
Quelltuff,
wo uns das Licht wuchs, vor
dem Atem.

Ölgrün, meerdurchstäubt die
unbetretbare Stunde. Gegen
die Mitte zu, grau,
ein Steinsattel, drauf,
gebeult und verkohlt,
die Tierstirn mit
der strahligen Blesse.

V

EIN AUGE, OFFEN

Stunden, maifarben, kühl.
Das nicht mehr zu Nennende, heiß,
hörbar im Mund.

Niemandes Stimme, wieder.

Schmerzende Augapfeltiefe:
das Lid
steht nicht im Wege, die Wimper
zählt nicht, was eintritt.

Die Träne, halb,
die schärfere Linse, beweglich,
holt dir die Bilder.

OBEN, GERÄUSCHLOS, die
Fahrenden: Geier und Stern.

Unten, nach allem, wir,
zehn an der Zahl, das Sandvolk. Die Zeit,
wie denn auch nicht, sie hat
auch für uns eine Stunde, hier,
in der Sandstadt.

(Erzähl von den Brunnen, erzähl
von Brunnenkranz, Brunnenrad, von
Brunnenstuben – erzähl.

Zähl und erzähl, die Uhr,
auch diese, läuft ab.

Wasser: welch
ein Wort. Wir verstehen dich, Leben.)

Der Fremde, ungebeten, woher,
der Gast.
Sein triefendes Kleid.
Sein triefendes Auge.

(Erzähl uns von Brunnen, von –
Zähl und erzähl.
Wasser: welch
ein Wort.)

Sein Kleid-und-Auge, er steht,
wie wir, voller Nacht, er bekundet
Einsicht, er zählt jetzt,

wie wir, bis zehn
und nicht weiter.

Oben, die
Fahrenden
bleiben
unhörbar.

DIE WELT, zu uns
in die leere Stunde getreten:

Zwei
Baumschäfte, schwarz,
unverzweigt, ohne
Knoten.
In der Düsenspur, scharfrandig, das
eine frei-
stehende Hochblatt.

Auch wir hier, im Leeren,
stehn bei den Fahnen.

EIN HOLZSTERN, blau,
aus kleinen Rauten gebaut. Heute, von
der jüngsten unserer Hände.

Das Wort, während
du Salz aus der Nacht fällst, der Blick
wieder die Windgalle sucht:

– Ein Stern, tu ihn,
tu den Stern in die Nacht.

(– In meine, in
meine.)

SOMMERBERICHT

Der nicht mehr beschrittene, der
umgangene Thymianteppich.
Eine Leerzeile, quer
durch die Glockenheide gelegt.
Nichts in den Windbruch getragen.

Wieder Begegnungen mit
vereinzelten Worten wie:
Steinschlag, Hartgräser, Zeit.

NIEDRIGWASSER. Wir sahen
die Seepocke, sahen
die Napfschnecke, sahen
die Nägel an unsern Händen.
Niemand schnitt uns das Wort von der Herzwand.

(Fährten der Strandkrabbe, morgen,
Kriechfurchen, Wohngänge, Wind-
zeichnung im grauen
Schlick. Feinsand,
Grobsand, das
von den Wänden Gelöste, bei
andern Hartteilen, im
Schill.)

Ein Aug, heute,
gab es dem zweiten, beide,
geschlossen, folgten der Strömung zu
ihrem Schatten, setzten
die Fracht ab (*niemand
schnitt uns das Wort von der – –*), bauten
den Haken hinaus – eine Nehrung, vor
ein kleines
unbefahrbares Schweigen.

Lichtgewinn, meßbar, aus
Distelähnlichem:
einiges
Rot, im Gespräch
mit einigem Gelb.
Die Luftschleier vor
deinem verzweifelten Aug.
Das letzte
reitende Sandkorn.

(Die
Augärten, damals, das
gelächelte Wort
vom Marchfeld, vom
Steppengras dort.
Das tote Ringelspiel, kling.
Wir
drehten uns weiter.)

. Der Sandkornritt, das
Auge, ihm zugewandt.
Die Stundentür und
ihre Geräusche.

ENGFÜHRUNG

VERBRACHT ins
Gelände
mit der untrüglichen Spur:

Gras, auseinandergeschrieben. Die Steine, weiß,
mit den Schatten der Halme:
Lies nicht mehr – schau!
Schau nicht mehr – geh!

Geh, deine Stunde
hat keine Schwestern, du bist –
bist zuhause. Ein Rad, langsam,
rollt aus sich selber, die Speichen
klettern,
klettern auf schwärzlichem Feld, die Nacht
braucht keine Sterne, nirgends
fragt es nach dir.

＊

Nirgends
fragt es nach dir —

Der Ort, wo sie lagen, er hat
einen Namen — er hat
keinen. Sie lagen nicht dort. Etwas
lag zwischen ihnen. Sie
sahn nicht hindurch.

Sahn nicht, nein,
redeten von
Worten. Keines
erwachte, der
Schlaf
kam über sie.

＊

Kam, kam. Nirgends
fragt es —

Ich bins, ich,
ich lag zwischen euch, ich war
offen, war
hörbar, ich tickte euch zu, euer Atem
gehorchte, ich
bin es noch immer, ihr
schlaft ja.

Bin es noch immer –

Jahre.
Jahre, Jahre, ein Finger
tastet hinab und hinan, tastet
umher:
Nahtstellen, fühlbar, hier
klafft es weit auseinander, hier
wuchs es wieder zusammen – wer
deckte es zu?

*

Deckte es
zu – wer?

Kam, kam.
Kam ein Wort, kam,
kam durch die Nacht,
wollt leuchten, wollt leuchten.

Asche.
Asche, Asche.
Nacht.
Nacht-und-Nacht. – Zum
Aug geh, zum feuchten.

                    Zum
                        Aug geh,
                            zum feuchten –

Orkane.
Orkane, von je,
Partikelgestöber, das andre,
du
weißts ja, wir
lasens im Buche, war
Meinung.

War, war
Meinung. Wie
faßten wir uns
an – an mit
diesen
Händen?

Es stand auch geschrieben, daß.
Wo? Wir
taten ein Schweigen darüber,
giftgestillt, groß,
ein
grünes
Schweigen, ein Kelchblatt, es
hing ein Gedanke an Pflanzliches dran –

grün, ja,
hing, ja,
unter hämischem
Himmel.

An, ja,
Pflanzliches.

Ja.
Orkane, Par-
tikelgestöber, es blieb
Zeit, blieb,
es beim Stein zu versuchen – er
war gastlich, er
fiel nicht ins Wort. Wie
gut wir es hatten:

Körnig,
körnig und faserig. Stengelig,
dicht;
traubig und strahlig; nierig,
plattig und
klumpig; locker, ver-
ästelt –: er, es
fiel nicht ins Wort, es
sprach,
sprach gerne zu trockenen Augen, eh es sie schloß.

Sprach, sprach.
War, war.

Wir
ließen nicht locker, standen
inmitten, ein
Porenbau, und
es kam.

Kam auf uns zu, kam
hindurch, flickte
unsichtbar, flickte
an der letzten Membran,
und
die Welt, ein Tausendkristall,
schoß an, schoß an.

*

                               Schoß an, schoß an.
                                       Dann --

Nächte, entmischt. Kreise,
grün oder blau, rote
Quadrate: die
Welt setzt ihr Innerstes ein
im Spiel mit den neuen
Stunden. – Kreise,

rot oder schwarz, helle
Quadrate, kein
Flugschatten,
kein
Meßtisch, keine
Rauchseele steigt und spielt mit.

*

                        Steigt und
                            spielt mit –

In der Eulenflucht, beim
versteinerten Aussatz,
bei
unsern geflohenen Händen, in
der jüngsten Verwerfung,
überm
Kugelfang an
der verschütteten Mauer:

sichtbar, aufs
neue: die
Rillen, die

Chöre, damals, die
Psalmen. Ho, ho-
sianna.

Also
stehen noch Tempel. Ein
Stern
hat wohl noch Licht.
Nichts,
nichts ist verloren.

Ho-
sianna.

In der Eulenflucht, hier,
die Gespräche, taggrau,
der Grundwasserspuren.

*

                       \(– – taggrau,
                               der
                                   Grundwasserspuren –

Verbracht
ins Gelände
mit
der untrüglichen
Spur:

Gras.
Gras,
auseinandergeschrieben.)

DIE NIEMANDSROSE

Dem Andenken Ossip Mandelstamms

I

Es war Erde in ihnen, und
sie gruben.

Sie gruben und gruben, so ging
ihr Tag dahin, ihre Nacht. Und sie lobten nicht Gott,
der, so hörten sie, alles dies wollte,
der, so hörten sie, alles dies wußte.

Sie gruben und hörten nichts mehr;
sie wurden nicht weise, erfanden kein Lied,
erdachten sich keinerlei Sprache.
Sie gruben.

Es kam eine Stille, es kam auch ein Sturm,
es kamen die Meere alle.
Ich grabe, du gräbst, und es gräbt auch der Wurm,
und das Singende dort sagt: Sie graben.

O einer, o keiner, o niemand, o du:
Wohin gings, da's nirgendhin ging?
O du gräbst und ich grab, und ich grab mich dir zu,
und am Finger erwacht uns der Ring.

DAS WORT VOM ZUR-TIEFE-GEHN,
das wir gelesen haben.
Die Jahre, die Worte seither.
Wir sind es noch immer.

Weißt du, der Raum ist unendlich,
weißt du, du brauchst nicht zu fliegen,
weißt du, was sich in dein Aug schrieb,
vertieft uns die Tiefe.

Bei Wein und Verlorenheit, bei
beider Neige:

ich ritt durch den Schnee, hörst du,
ich ritt Gott in die Ferne – die Nähe, er sang,
es war
unser letzter Ritt über
die Menschen-Hürden.

Sie duckten sich, wenn
sie uns über sich hörten, sie
schrieben, sie
logen unser Gewieher
um in eine
ihrer bebilderten Sprachen.

ZÜRICH, ZUM STORCHEN

Für Nelly Sachs

Vom Zuviel war die Rede, vom
Zuwenig. Von Du
und Aber-Du, von
der Trübung durch Helles, von
Jüdischem, von
deinem Gott.

Da-
von.
Am Tag einer Himmelfahrt, das
Münster stand drüben, es kam
mit einigem Gold übers Wasser.

Von deinem Gott war die Rede, ich sprach
gegen ihn, ich
ließ das Herz, das ich hatte,
hoffen:
auf
sein höchstes, umrocheltes, sein
haderndes Wort —

Dein Aug sah mir zu, sah hinweg,
dein Mund
sprach sich dem Aug zu, ich hörte:

Wir
wissen ja nicht, weißt du,

wir
wissen ja nicht,
was
gilt.

SELBDRITT, SELBVIERT

Krauseminze, Minze, krause,
vor dem Haus hier, vor dem Hause.

Diese Stunde, deine Stunde,
ihr Gespräch mit meinem Munde.

Mit dem Mund, mit seinem Schweigen,
mit den Worten, die sich weigern.

Mit den Weiten, mit den Engen,
mit den nahen Untergängen.

Mit mir einem, mit uns dreien,
halb gebunden, halb im Freien.

Krauseminze, Minze, krause,
vor dem Haus hier, vor dem Hause.

SOVIEL GESTIRNE, die
man uns hinhält. Ich war,
als ich dich ansah – wann? –,
draußen bei
den andern Welten.

O diese Wege, galaktisch,
o diese Stunde, die uns
die Nächte herüberwog in
die Last unsrer Namen. Es ist,
ich weiß es, nicht wahr,
daß wir lebten, es ging
blind nur ein Atem zwischen
Dort und Nicht-da und Zuweilen,
kometenhaft schwirrte ein Aug
auf Erloschenes zu, in den Schluchten,
da, wo's verglühte, stand
zitzenprächtig die Zeit,
an der schon empor- und hinab-
und hinwegwuchs, was
ist oder war oder sein wird –,

ich weiß,
ich weiß und du weißt, wir wußten,
wir wußten nicht, wir
waren ja da und nicht dort,
und zuweilen, wenn
nur das Nichts zwischen uns stand, fanden
wir ganz zueinander.

DEIN
HINÜBERSEIN heute Nacht.
Mit Worten holt ich dich wieder, da bist du,
alles ist wahr und ein Warten
auf Wahres.

Es klettert die Bohne vor
unserm Fenster: denk
wer neben uns aufwächst und
ihr zusieht.

Gott, das lasen wir, ist
ein Teil und ein zweiter, zerstreuter:
im Tod
all der Gemähten
wächst er sich zu.

Dorthin
führt uns der Blick,
mit dieser
Hälfte
haben wir Umgang.

ZU BEIDEN HÄNDEN, da
wo die Sterne mir wuchsen, fern
allen Himmeln, nah
allen Himmeln:
Wie
wacht es sich da! Wie
tut sich die Welt uns auf, mitten
durch uns!

Du bist,
wo dein Aug ist, du bist
oben, bist
unten, ich
finde hinaus.

O diese wandernde leere
gastliche Mitte. Getrennt,
fall ich dir zu, fällst
du mir zu, einander
entfallen, sehn wir
hindurch:

Das
Selbe
hat uns
verloren, das
Selbe
hat uns
vergessen, das
Selbe
hat uns – –

ZWÖLF JAHRE

Die wahr-
gebliebene, wahr-
gewordene Zeile: . . . *dein*
Haus in Paris – zur
Opferstatt deiner Hände.

Dreimal durchatmet,
dreimal durchglänzt.

. . . .

Es wird stumm, es wird taub
hinter den Augen.
Ich sehe das Gift blühn.
In jederlei Wort und Gestalt.

Geh. Komm.
Die Liebe löscht ihren Namen: sie
schreibt sich dir zu.

Mit allen Gedanken ging ich
hinaus aus der Welt: da warst du,
du meine Leise, du meine Offne, und –
du empfingst uns.

Wer
sagt, daß uns alles erstarb,
da uns das Aug brach?
Alles erwachte, alles hob an.

Groß kam eine Sonne geschwommen, hell
standen ihr Seele und Seele entgegen, klar,
gebieterisch schwiegen sie ihr
ihre Bahn vor.

Leicht
tat sich dein Schoß auf, still
stieg ein Hauch in den Äther,
und was sich wölkte, wars nicht,
wars nicht Gestalt und von uns her,
wars nicht
so gut wie ein Name?

DIE SCHLEUSE

Über aller dieser deiner
Trauer: kein
zweiter Himmel.

. . . .

An einen Mund,
dem es ein Tausendwort war,
verlor –
verlor ich ein Wort,
das mir verblieben war:
Schwester.

An
die Vielgötterei
verlor ich ein Wort, das mich suchte:
Kaddisch.

Durch
die Schleuse mußt ich,
das Wort in die Salzflut zurück-
und hinaus- und hinüberzuretten:
Jiskor.

STUMME HERBSTGERÜCHE. Die
Sternblume, ungeknickt, ging
zwischen Heimat und Abgrund durch
dein Gedächtnis.

Eine fremde Verlorenheit war
gestalthaft zugegen, du hättest
beinah
gelebt.

EIS, EDEN

Es ist ein Land Verloren,
da wächst ein Mond im Ried,
und das mit uns erfroren,
es glüht umher und sieht.

Es sieht, denn es hat Augen,
die helle Erden sind.
Die Nacht, die Nacht, die Laugen.
Es sieht, das Augenkind.

Es sieht, es sieht, wir sehen,
ich sehe dich, du siehst.
Das Eis wird auferstehen,
eh sich die Stunde schließt.

PSALM

Niemand knetet uns wieder aus Erde und Lehm,
niemand bespricht unsern Staub.
Niemand.

Gelobt seist du, Niemand.
Dir zulieb wollen
wir blühn.
Dir
entgegen.

Ein Nichts
waren wir, sind wir, werden
wir bleiben, blühend:
die Nichts-, die
Niemandsrose.

Mit
dem Griffel seelenhell,
dem Staubfaden himmelswüst,
der Krone rot
vom Purpurwort, das wir sangen
über, o über
dem Dorn.

TÜBINGEN, JÄNNER

Zur Blindheit über-
redete Augen.
Ihre – »ein
Rätsel ist Rein-
entsprungenes« –, ihre
Erinnerung an
schwimmende Hölderlintürme, möwen-
umschwirrt.

Besuche ertrunkener Schreiner bei
diesen
tauchenden Worten:

Käme,
käme ein Mensch,
käme ein Mensch zur Welt, heute, mit
dem Lichtbart der
Patriarchen: er dürfte,
spräch er von dieser
Zeit, er
dürfte
nur lallen und lallen,
immer-, immer-
zuzu.

(»Pallaksch. Pallaksch.«)

CHYMISCH

Schweigen, wie Gold gekocht, in
verkohlten
Händen.

Große, graue,
wie alles Verlorene nahe
Schwestergestalt:

Alle die Namen, alle die mit-
verbrannten
Namen. Soviel
zu segnende Asche. Soviel
gewonnenes Land
über
den leichten, so leichten
Seelen-
ringen.

Große. Graue. Schlacken-
lose.

Du, damals.
Du mit der fahlen,
aufgebissenen Knospe.
Du in der Weinflut.

Nicht wahr, auch uns
entließ diese Uhr?
Gut,
gut, wie dein Wort hier vorbeistarb.)

Schweigen, wie Gold gekocht, in
verkohlten, verkohlten
Händen.
Finger, rauchdünn. Wie Kronen, Luftkronen
um – –

Große. Graue. Fährte-
lose.
König-
liche.

EINE GAUNER- UND GANOVENWEISE
GESUNGEN ZU PARIS EMPRÈS PONTOISE
VON PAUL CELAN
AUS CZERNOWITZ BEI SADAGORA

> *Manchmal nur, in dunkeln Zeiten,*
> Heinrich Heine, An Edom

Damals, als es noch Galgen gab,
da, nicht wahr, gab es
ein Oben.

Wo bleibt mein Bart, Wind, wo
mein Judenfleck, wo
mein Bart, den du raufst?

Krumm war der Weg, den ich ging,
krumm war er, ja,
denn, ja,
er war gerade.

Heia.

Krumm, so wird meine Nase.
Nase.

Und wir zogen auch nach *Friaul.*
Da hätten wir, da hätten wir.
Denn es blühte der Mandelbaum.
Mandelbaum, Bandelmaum.

Mandeltraum, Trandelmaum.
Und auch der Machandelbaum.
Chandelbaum.

Heia.
Aum.

Envoi

Aber,
aber er bäumt sich, der Baum. Er,
auch er
steht gegen
die Pest.

FLIMMERBAUM

Ein Wort,
an das ich dich gerne verlor:
das Wort
Nimmer.

Es war,
und bisweilen wußtest auch du's,
es war
eine Freiheit.
Wir schwammen.

Weißt du noch, daß ich sang?
Mit dem Flimmerbaum sang ich, dem Steuer.
Wir schwammen.

Weißt du noch, daß du schwammst?
Offen lagst du mir vor,
lagst du mir, lagst
du mir vor
meiner vor-
springenden Seele.
Ich schwamm für uns beide. Ich schwamm nicht.
Der Flimmerbaum schwamm.

Schwamm er? Es war
ja ein Tümpel rings. Es war der unendliche Teich.
Schwarz und unendlich, so hing,
so hing er weltabwärts.

Weißt du noch, daß ich sang?

Diese –
o diese Drift.

Nimmer. Weltabwärts. Ich sang nicht. Offen
lagst du mir vor
der fahrenden Seele.

ERRATISCH

Die Abende graben sich dir
unters Aug. Mit der Lippe auf-
gesammelte Silben – schönes,
lautloses Rund –
helfen dem Kriechstern
in ihre Mitte. Der Stein,
schläfennah einst, tut sich hier auf:

bei allen
versprengten
Sonnen, Seele,
warst du, im Äther.

EINIGES HAND-
ÄHNLICHE, finster,
kam mit den Gräsern:

Rasch – Verzweiflungen, ihr
Töpfer! –, rasch
gab die Stunde den Lehm her, rasch
war die Träne gewonnen –:

noch einmal, mit bläulicher Rispe,
umstand es uns, dieses
Heute.

Ihr gebet-, ihr lästerungs-, ihr
gebetscharfen Messer
meines
Schweigens.

Ihr meine mit mir ver-
krüppelnden Worte, ihr
meine geraden.

Und du:
du, du, du
mein täglich wahr- und wahrer-
geschundenes Später
der Rosen —:

Wieviel, o wieviel
Welt. Wieviel
Wege.

Krücke du, Schwinge. Wir – –

Wir werden das Kinderlied singen, das,
hörst du, das
mit den Men, mit den Schen, mit den Menschen, ja das
mit dem Gestrüpp und mit
dem Augenpaar, das dort bereitlag als
Träne-und-
Träne.

Es ist nicht mehr
diese
zuweilen mit dir
in die Stunde gesenkte
Schwere. Es ist
eine andre.

Es ist das Gewicht, das die Leere zurückhält,
die mit-
ginge mit dir.
Es hat, wie du, keinen Namen. Vielleicht
seid ihr dasselbe. Vielleicht
nennst auch du mich einst
so.

RADIX, MATRIX

Wie man zum Stein spricht, wie
du,
mir vom Abgrund her, von
einer Heimat her Ver-
schwisterte, Zu-
geschleuderte, du,
du mir vorzeiten,
du mir im Nichts einer Nacht,
du in der Aber-Nacht Be-
gegnete, du
Aber-Du –:

Damals, da ich nicht da war,
damals, da du
den Acker abschrittst, allein:

Wer,
wer wars, jenes
Geschlecht, jenes gemordete, jenes
schwarz in den Himmel stehende:
Rute und Hode –?

(Wurzel.
Wurzel Abrahams. Wurzel Jesse. Niemandes
Wurzel – o
unser.)

Ja,
wie man zum Stein spricht, wie
du

mit meinen Händen dorthin
und ins Nichts greifst, so
ist, was hier ist:

auch dieser
Fruchtboden klafft,
dieses
Hinab
ist die eine der wild
blühenden Kronen.

SCHWARZERDE, schwarze
Erde du, Stunden-
mutter
Verzweiflung:

Ein aus der Hand und ihrer
Wunde dir Zu-
geborenes schließt
deine Kelche.

EINEM, DER VOR DER TÜR STAND, eines
Abends:
ihm
tat ich mein Wort auf –: zum
Kielkropf sah ich ihn trotten, zum
halb-
schürigen, dem
im kotigen Stiefel des Kriegsknechts
geborenen Bruder, dem
mit dem blutigen
Gottes-
gemächt, dem
schilpenden Menschlein.

Rabbi, knirschte ich, Rabbi
Löw:

Diesem
beschneide das Wort,
diesem
schreib das lebendige
Nichts ins Gemüt,
diesem
spreize die zwei
Krüppelfinger zum heil-
bringenden Spruch.
Diesem.

. . . .

Wirf auch die Abendtür zu, Rabbi.

. . . .

Reiß die Morgentür auf, Ra- –

MANDORLA

In der Mandel – was steht in der Mandel?
Das Nichts.
Es steht das Nichts in der Mandel.
Da steht es und steht.

Im Nichts – wer steht da? Der König.
Da steht der König, der König.
Da steht er und steht.

      Judenlocke, wirst nicht grau.

Und dein Aug – wohin steht dein Auge?
Dein Aug steht der Mandel entgegen.
Dein Aug, dem Nichts stehts entgegen.
Es steht zum König.
So steht es und steht.

      Menschenlocke, wirst nicht grau.
      Leere Mandel, königsblau.

AN NIEMAND GESCHMIEGT mit der Wange –
an dich, Leben.
An dich, mit dem Handstumpf
gefundnes.

Ihr Finger.
Fern, unterwegs,
an den Kreuzungen, manchmal,
die Rast
bei freigelassenen Gliedern,
auf
dem Staubkissen Einst.

Verholzter Herzvorrat: der
schwelende
Liebes- und Lichtknecht.

Ein Flämmchen halber
Lüge noch in
dieser, in jener
übernächtigen Pore,
die ihr berührt.

Schlüsselgeräusche oben,
im Atem-
Baum über euch:
das letzte
Wort, das euch ansah,
soll jetzt bei sich sein und bleiben.

. . . .

An dich geschmiegt, mit
dem Handstumpf gefundenes
Leben.

ZWEIHÄUSIG, EWIGER, bist du, un-
bewohnbar. Darum
baun wir und bauen. Darum
steht sie, diese
erbärmliche Bettstatt, – im Regen,
da steht sie.

Komm, Geliebte.
Daß wir hier liegen, das
ist die Zwischenwand –: Er
hat dann genug an sich selber, zweimal.

Laß ihn, er
habe sich ganz, als das Halbe
und abermals Halbe. Wir,
wir sind das Regenbett, er
komme und lege uns trocken.

. . . .

Er kommt nicht, er legt uns nicht trocken.

SIBIRISCH

Bogengebete – du
sprachst sie nicht mit, es waren,
du denkst es, die deinen.

Der Rabenschwan hing
vorm frühen Gestirn:
mit zerfressenem Lidspalt
stand ein Gesicht – auch unter diesem
Schatten.

Kleine, im Eiswind
liegengebliebene
Schelle
mit deinem
weißen Kiesel im Mund:

Auch mir
steht der tausendjahrfarbene
Stein in der Kehle, der Herzstein,
auch ich
setze Grünspan an
an der Lippe.

Über die Schuttflur hier,
durch das Seggenmeer heute
führt sie, unsre
Bronze-Straße.
Da lieg ich und rede zu dir
mit abgehäutetem
Finger.

BENEDICTA

> *Zu ken men arojfgejn in himel arajn*
> *Un fregn baj got zu's darf asoj sajn?*
> Jiddisches Lied

Ge-
trunken hast du,
was von den Vätern mir kam
und von jenseits der Väter:
– – Pneuma.

Ge-
segnet seist du, von weit her, von
jenseits meiner
erloschenen Finger.

Gesegnet: Du, die ihn grüßte,
den Teneberleuchter.

Du, die du's hörtest, da ich die Augen schloß, wie
die Stimme nicht weitersang nach:
's mus asoj sajn.

Du, die du's sprachst in den augen-
losen, den Auen:
dasselbe, das andere
Wort:
Gebenedeiet.

Ge-
trunken.

Ge-
segnet.
Ge-
bentscht.

À LA POINTE ACÉRÉE

Es liegen die Erze bloß, die Kristalle,
die Drusen.
Ungeschriebenes, zu
Sprache verhärtet, legt
einen Himmel frei.

(Nach oben verworfen, zutage,
überquer, so
liegen auch wir.

Tür du davor einst, Tafel
mit dem getöteten
Kreidestern drauf:
ihn
hat nun ein – lesendes? – Aug.)

Wege dorthin.
Waldstunde an
der blubbernden Radspur entlang.
Auf-
gelesene
kleine, klaffende
Buchecker: schwärzliches
Offen, von
Fingergedanken befragt
nach – –
wonach?

Nach
dem Unwiederholbaren, nach
ihm, nach
allem.

Blubbernde Wege dorthin.

Etwas, das gehn kann, grußlos
wie Herzgewordenes,
kommt.

III

DIE HELLEN
STEINE gehn durch die Luft, die hell-
weißen, die Licht-
bringer.

Sie wollen
nicht niedergehen, nicht stürzen,
nicht treffen. Sie gehen
auf,
wie die geringen
Heckenrosen, so tun sie sich auf,
sie schweben
dir zu, du meine Leise,
du meine Wahre –:

ich seh dich, du pflückst sie mit meinen
neuen, meinen
Jedermannshänden, du tust sie
ins Abermals-Helle, das niemand
zu weinen braucht noch zu nennen.

ANABASIS

Dieses
schmal zwischen Mauern geschriebne
unwegsam-wahre
Hinauf und Zurück
in die herzhelle Zukunft.

Dort.

Silben-
mole, meer-
farben, weit
ins Unbefahrne hinaus.

Dann:
Bojen-,
Kummerbojen-Spalier
mit den
sekundenschön hüpfenden
Atemreflexen –: Leucht-
glockentöne (dum-,
dun-, un-,
unde suspirat
cor),
aus-
gelöst, ein-
gelöst, unser.

Sichtbares, Hörbares, das
frei-
werdende Zeltwort:

Mitsammen.

EIN WURFHOLZ, auf Atemwegen,
so wanderts, das Flügel-
mächtige, das
Wahre. Auf
Sternen-
bahnen, von Welten-
splittern geküßt, von Zeit-
körnern genarbt, von Zeitstaub, mit-
verwaisend mit euch,
Lapilli, ver-
zwergt, verwinzigt, ver-
nichtet,
verbracht und verworfen,
sich selber der Reim, –
so kommt es
geflogen, so kommts
wieder und heim,
einen Herzschlag, ein Tausendjahr lang
innezuhalten als
einziger Zeiger im Rund,
das eine Seele,
das seine
Seele
beschrieb,
das eine
Seele
beziffert.

HAWDALAH

An dem einen, dem
einzigen
Faden, an ihm
spinnst du – von ihm
Umsponnener, ins
Freie, dahin,
ins Gebundne.

Groß
stehn die Spindeln
ins Unland, die Bäume: es ist,
von unten her, ein
Licht geknüpft in die Luft-
matte, auf der du den Tisch deckst, den leeren
Stühlen und ihrem
Sabbatglanz zu – –

zu Ehren.

LE MENHIR

Wachsendes
Steingrau.

Graugestalt, augen-
loser du, Steinblick, mit dem uns
die Erde hervortrat, menschlich,
auf Dunkel-, auf Weißheidewegen,
abends, vor
dir, Himmelsschlucht.

Verkebstes, hierhergekarrt, sank
über den Herzrücken weg. Meer-
mühle mahlte.

Hellflüglig hingst du, früh,
zwischen Ginster und Stein,
kleine Phaläne.

Schwarz, phylakterien-
farben, so wart ihr,
ihr mit-
betenden Schoten.

NACHMITTAG MIT ZIRKUS UND ZITADELLE

In Brest, vor den Flammenringen,
im Zelt, wo der Tiger sprang,
da hört ich dich, Endlichkeit, singen,
da sah ich dich, Mandelstamm.

Der Himmel hing über der Reede,
die Möwe hing über dem Kran.
Das Endliche sang, das Stete, –
du, Kanonenboot, heißt »Baobab«.

Ich grüßte die Trikolore
mit einem russischen Wort –
Verloren war Unverloren,
das Herz ein befestigter Ort.

BEI TAG

Hasenfell-Himmel. Noch immer
schreibt eine deutliche Schwinge.

Auch ich, erinnere dich,
Staub-
farbene, kam
als ein Kranich.

KERMORVAN

Du Tausendgüldenkraut-Sternchen,
du Erle, du Buche, du Farn:
mit euch Nahen geh ich ins Ferne, –
Wir gehen dir, Heimat, ins Garn.

Schwarz hängt die Kirschlorbeertraube
beim bärtigen Palmenschaft.
Ich liebe, ich hoffe, ich glaube, –
die kleine Steindattel klafft.

Ein Spruch spricht – zu wem? Zu sich selber:
Servir Dieu est régner, – ich kann
ihn lesen, ich kann, es wird heller,
fort aus Kannitverstan.

ICH HABE BAMBUS GESCHNITTEN:
für dich, mein Sohn.
Ich habe gelebt.

Diese morgen fort-
getragene Hütte, sie
steht.

Ich habe nicht mitgebaut: du
weißt nicht, in was für
Gefäße ich den
Sand um mich her tat, vor Jahren, auf
Geheiß und Gebot. Der deine
kommt aus dem Freien – er bleibt
frei.

Das Rohr, das hier Fuß faßt, morgen
steht es noch immer, wohin dich
die Seele auch hinspielt im Un-
gebundnen.

KOLON

Keine im Licht der Wort-
Vigilie erwanderte
Hand.

Doch du, Erschlafene, immer
sprachwahr in jeder
der Pausen:
für
wieviel Vonsammengeschiedenes
rüstest du's wieder zur Fahrt:
das Bett
Gedächtnis!

Fühlst du, wir liegen
weiß von Tausend-
farbenem, Tausend-
mündigem vor
Zeitwind, Hauchjahr, Herz-Nie.

IV

WAS GESCHAH? Der Stein trat aus dem Berge.
Wer erwachte? Du und ich.
Sprache, Sprache. Mit-Stern. Neben-Erde.
Ärmer. Offen. Heimatlich.

Wohin gings? Gen Unverklungen.
Mit dem Stein gings, mit uns zwein.
Herz und Herz. Zu schwer befunden.
Schwerer werden. Leichter sein.

IN EINS

Dreizehnter Feber. Im Herzmund
erwachtes Schibboleth. Mit dir,
Peuple
de Paris. *No pasarán.*

Schäfchen zur Linken: er, Abadias,
der Greis aus Huesca, kam mit den Hunden
über das Feld, im Exil
stand weiß eine Wolke
menschlichen Adels, er sprach
uns das Wort in die Hand, das wir brauchten, es war
Hirten-Spanisch, darin,

im Eislicht des Kreuzers »Aurora«:
die Bruderhand, winkend mit der
von den wortgroßen Augen
genommenen Binde – Petropolis, der
Unvergessenen Wanderstadt lag
auch dir toskanisch zu Herzen.

Friede den Hütten!

HINAUSGEKRÖNT,
hinausgespien in die Nacht.

Bei welchen
Sternen! Lauter
graugeschlagenes Herzhammersilber. Und
Berenikes Haupthaar, auch hier, – ich flocht,
ich zerflocht,
ich flechte, zerflechte.
Ich flechte.

Blauschlucht, in dich
treib ich das Gold. Auch mit ihm, dem
bei Huren und Dirnen vertanen,
komm ich und komm ich. Zu dir,
Geliebte.

Auch mit Fluch und Gebet. Auch mit jeder
der über mich hin-
schwirrenden Keulen: auch sie in eins
geschmolzen, auch sie
phallisch gebündelt zu dir,
Garbe-und-Wort.

Mit Namen, getränkt
von jedem Exil.
Mit Namen und Samen,
mit Namen, getaucht
in alle
Kelche, die vollstehn mit deinem
Königsblut, Mensch, – in alle

Kelche der großen
Ghetto-Rose, aus der
du uns ansiehst, unsterblich von soviel
auf Morgenwegen gestorbenen Toden.

(Und wir sangen die Warschowjanka.
Mit verschilften Lippen, Petrarca.
In Tundra-Ohren, Petrarca.)

Und es steigt eine Erde herauf, die unsre,
diese.
Und wir schicken
keinen der Unsern hinunter
zu dir,
Babel.

WOHIN MIR das Wort, das unsterblich war, fiel:
in die Himmelsschlucht hinter der Stirn,
dahin geht, geleitet von Speichel und Müll,
der Siebenstern, der mit mir lebt.

Im Nachthaus die Reime, der Atem im Kot,
das Auge ein Bilderknecht –
Und dennoch: ein aufrechtes Schweigen, ein Stein,
der die Teufelsstiege umgeht.

LES GLOBES

In den verfahrenen Augen – lies da:

die Sonnen-, die Herzbahnen, das
sausend-schöne Umsonst.
Die Tode und alles
aus ihnen Geborene. Die
Geschlechterkette,
die hier bestattet liegt und
die hier noch hängt, im Äther,
Abgründe säumend. Aller
Gesichter Schrift, in die sich
schwirrender Wortsand gebohrt – Kleinewiges,
Silben.

Alles,
das Schwerste noch, war
flügge, nichts
hielt zurück.

HUHEDIBLU

Schwer-, Schwer-, Schwer-
fälliges auf
Wortwegen und -schneisen.

Und – ja –
die Bälge der Feme-Poeten
lurchen und vespern und wispern und vipern,
episteln.
Geunktes, aus
Hand- und Fingergekröse, darüber
schriftfern eines
Propheten Name spurt, als
An- und Bei- und Afterschrift, unterm
Datum des Nimmermenschtags im September –:

Wann,
wann blühen, wann,
wann blühen die, hühendiblüh,
huhediblu, ja sie, die September-
rosen?

Hüh – on tue ... Ja wann?

Wann, wannwann,
Wahnwann, ja Wahn, –
Bruder
Geblendet, Bruder
Erloschen, du liest,

dies hier, dies:
Dis-
parates –: Wann
blüht es, das Wann,
das Woher, das Wohin und was
und wer
sich aus- und an- und dahin- und zu sich lebt, den
Achsenton, Tellus, in seinem
vor Hell-
hörigkeit schwirrenden
Seelenohr, den
Achsenton tief
im Innern unsrer
sternrunden Wohnstatt Zerknirschung? Denn
sie bewegt sich, dennoch, im Herzsinn.

Den Ton, oh,
den Oh-Ton, ah,
das A und das O,
das Oh-diese-Galgen-schon-wieder, das Ah-es-gedeiht,

auf den alten
Alraunenfluren gedeiht es,
als schmucklos-schmückendes Beikraut,
als Beikraut, als Beiwort, als Beilwort,
ad-
jektivisch, so gehn
sie dem Menschen zuleibe, Schatten,
vernimmt man, war
alles Dagegen –
Feiertagsnachtisch, nicht mehr, –:

Frugal,
kontemporan und gesetzlich
geht Schinderhannes zu Werk,
sozial und alibi-elbisch, und
das Julchen, das Julchen:
daseinsfeist rülpst,
rülpst es das Fallbeil los, – call it (hott!)
love.

Oh quand refleuriront, oh roses, vos septembres?

HÜTTENFENSTER

Das Aug, dunkel:
als Hüttenfenster. Es sammelt,
was Welt war, Welt bleibt: den Wander-
Osten, die
Schwebenden, die
Menschen-und-Juden,
das Volk-vom-Gewölk, magnetisch
ziehts, mit Herzfingern, an
dir, Erde:
du kommst, du kommst,
wohnen werden wir, wohnen, etwas

– ein Atem? ein Name? –

geht im Verwaisten umher,
tänzerisch, klobig,
die Engels-
schwinge, schwer von Unsichtbarem, am
wundgeschundenen Fuß, kopf-
lastig getrimmt
vom Schwarzhagel, der
auch dort fiel, in Witebsk,

– und sie, die ihn säten, sie
schreiben ihn weg
mit mimetischer Panzerfaustklaue! –,

geht, geht umher,
sucht,
sucht unten,

sucht droben, fern, sucht
mit dem Auge, holt
Alpha Centauri herunter, Arktur, holt
den Strahl hinzu, aus den Gräbern,

geht zu Ghetto und Eden, pflückt
das Sternbild zusammen, das er,
der Mensch, zum Wohnen braucht, hier,
unter Menschen,

schreitet
die Buchstaben ab und der Buchstaben sterblich-
unsterbliche Seele,
geht zu Aleph und Jud und geht weiter,

baut ihn, den Davidsschild, läßt ihn
aufflammen, einmal,

läßt ihn erlöschen – da steht er,
unsichtbar, steht
bei Alpha und Aleph, bei Jud,
bei den andern, bei
allen: in
dir,

Beth, – das ist
das Haus, wo der Tisch steht mit

dem Licht und dem Licht.

DIE SILBE SCHMERZ

Es gab sich Dir in die Hand:
ein Du, todlos,
an dem alles Ich zu sich kam. Es fuhren
wortfreie Stimmen rings, Leerformen, alles
ging in sie ein, gemischt
und entmischt
und wieder
gemischt.

Und Zahlen waren
mitverwoben in das
Unzählbare. Eins und Tausend und was
davor und dahinter
größer war als es selbst, kleiner, aus-
gereift und
rück- und fort-
verwandelt in
keimendes Niemals.

Vergessenes griff
nach Zu-Vergessendem, Erdteile, Herzteile
schwammen,
sanken und schwammen. Kolumbus,
die Zeit-
lose im Aug, die Mutter-
Blume,
mordete Masten und Segel. Alles fuhr aus,

frei,
entdeckerisch,

blühte die Windrose ab, blätterte
ab, ein Weltmeer
blühte zuhauf und zutag, im Schwarzlicht
der Wildsteuerstriche. In Särgen,
Urnen, Kanopen
erwachten die Kindlein
Jaspis, Achat, Amethyst – Völker,
Stämme und Sippen, ein blindes

E s   s e i

knüpfte sich in
die schlangenköpfigen Frei-
Taue –: ein
Knoten
(und Wider- und Gegen- und Aber- und Zwillings- und Tau-
sendknoten), an dem
die fastnachtsäugige Brut
der Mardersterne im Abgrund
buch-, buch-, buch-
stabierte, stabierte.

LA CONTRESCARPE

Brich dir die Atemmünze heraus
aus der Luft um dich und den Baum:

so
viel
wird gefordert von dem,
den die Hoffnung herauf- und herabkarrt
den Herzbuckelweg – so
viel

an der Kehre,
wo er dem Brotpfeil begegnet,
der den Wein seiner Nacht trank, den Wein
der Elends-, der Königs-
vigilie.

Kamen die Hände nicht mit, die wachten,
kam nicht das tief
in ihr Kelchaug gebettete Glück?
Kam nicht, bewimpert,
das menschlich tönende Märzrohr, das Licht gab,
damals, weithin?

Scherte die Brieftaube aus, war ihr Ring
zu entziffern? (All das
Gewölk um sie her – es war lesbar.) Litt es
der Schwarm? Und verstand,
und flog wie sie fortblieb?

Dachschiefer Helling, – auf Tauben-
kiel gelegt ist, was schwimmt. Durch die Schotten
blutet die Botschaft, Verjährtes
geht jung über Bord:

>   Über Krakau
>   bist du gekommen, am Anhalter
>   Bahnhof am 10.11. 38
>   floß deinen Blicken ein Rauch zu,
>   der war schon von morgen. Unter
>   Paulownien
>   sahst du die Messer stehn, wieder,
>   scharf von Entfernung. Es wurde
>   getanzt. (Quatorze
>   juillets. Et plus de neuf autres.)
>   Überzwerch, Affenvers, Schrägmaul
>   mimten Gelebtes. Der Herr
>   trat, in ein Spruchband gehüllt,
>   zu der Schar. Er knipste
>   sich ein
>   Souvenirchen. Der Selbst-
>   auslöser, das warst
>   du.

O diese Ver-
freundung. Doch wieder,
da, wo du hinmußt, der eine
genaue
Kristall.

Es ist alles anders, als du es dir denkst, als ich es mir denke,
die Fahne weht noch,
die kleinen Geheimnisse sind noch bei sich,
sie werfen noch Schatten, davon
lebst du, leb ich, leben wir.

Die Silbermünze auf deiner Zunge schmilzt,
sie schmeckt nach Morgen, nach Immer, ein Weg
nach Rußland steigt dir ins Herz,
die karelische Birke
hat
gewartet,
der Name Ossip kommt auf dich zu, du erzählst ihm,
was er schon weiß, er nimmt es, er nimmt es dir ab, mit
                                                    Händen,
du löst ihm den Arm von der Schulter, den rechten, den linken,
du heftest die deinen an ihre Stelle, mit Händen, mit Fingern,
                                                    mit Linien,

– was abriß, wächst wieder zusammen –
da hast du sie, da nimm sie dir, da hast du alle beide,
den Namen, den Namen, die Hand, die Hand,
da nimm sie dir zum Unterpfand,
er nimmt auch das, und du hast
wieder, was dein ist, was sein war,

Windmühlen

stoßen dir Luft in die Lunge, du ruderst
durch die Kanäle, Lagunen und Grachten,

bei Wortschein,
am Heck kein Warum, am Bug kein Wohin, ein Widderhorn
hebt dich
– *Tekiah!* –
wie ein Posaunenschall über die Nächte hinweg in den Tag,
die Auguren

zerfleischen einander, der Mensch
hat seinen Frieden, der Gott
hat den seinen, die Liebe
kehrt in die Betten zurück, das Haar
der Frauen wächst wieder,
die nach innen gestülpte
Knospe an ihrer Brust
tritt wieder zutag, lebens-,
herzlinienhin erwacht sie
dir in der Hand, die den Lendenweg hochklomm, –

wie heißt es, dein Land
hinterm Berg, hinterm Jahr?
Ich weiß, wie es heißt.
Wie das Wintermärchen, so heißt es,
es heißt wie das Sommermärchen,
das Dreijahreland deiner Mutter, das war es,
das ists,
es wandert überallhin, wie die Sprache,
wirf sie weg, wirf sie weg,
dann hast du sie wieder, wie ihn,
den Kieselstein aus
der Mährischen Senke,
den dein Gedanke nach Prag trug,
aufs Grab, auf die Gräber, ins Leben,

längst
ist er fort, wie die Briefe, wie alle
Laternen, wieder
mußt du ihn suchen, da ist er,
klein ist er, weiß,
um die Ecke, da liegt er,
bei Normandie-Njemen – in Böhmen,
da, da, da,
hinterm Haus, vor dem Haus,
weiß ist er, weiß, er sagt:
Heute – es gilt.
Weiß ist er, weiß, ein Wasser-
strahl findet hindurch, ein Herzstrahl,
ein Fluß,
du kennst seinen Namen, die Ufer
hängen voll Tag, wie der Name,
du tastest ihn ab, mit der Hand:
Alba.

UND MIT DEM BUCH AUS TARUSSA

Все поэты жиды
Marina Zwetajewa

Vom
Sternbild des Hundes, vom
Hellstern darin und der Zwerg-
leuchte, die mitwebt
an erdwärts gespiegelten Wegen,

von
Pilgerstäben, auch dort, von Südlichem, fremd
und nachtfasernah
wie unbestattete Worte,
streunend
im Bannkreis erreichter
Ziele und Stelen und Wiegen.

Von
Wahr- und Voraus- und Vorüber-zu-dir-,
von
Hinaufgesagtem,
das dort bereitliegt, einem
der eigenen Herzsteine gleich, die man ausspie
mitsamt ihrem un-
verwüstlichen Uhrwerk, hinaus
in Unland und Unzeit. Von solchem
Ticken und Ticken inmitten
der Kies-Kuben mit
der auf Hyänenspur rückwärts,
aufwärts verfolgbaren

Ahnen-
reihe Derer-
vom-Namen-und-Seiner-
Rundschlucht.

Von
einem Baum, von einem.
Ja, auch von ihm. Und vom Wald um ihn her. Vom Wald
Unbetreten, vom
Gedanken, dem er entwuchs, als Laut
und Halblaut und Ablaut und Auslaut, skythisch
zusammengereimt
im Takt
der Verschlagenen-Schläfe,
mit
geatmeten Steppen-
halmen geschrieben ins Herz
der Stundenzäsur – in das Reich,
in der Reiche
weitestes, in
den Großbinnenreim
jenseits
der Stummvölker-Zone, in dich
Sprachwaage, Wortwaage, Heimat-
waage Exil.

Von diesem Baum, diesem Wald.

Von der Brücken-
quader, von der
er ins Leben hinüber-
prallte, flügge

von Wunden, – vom
Pont Mirabeau.
Wo die Oka nicht mitfließt. Et quels
amours! (Kyrillisches, Freunde, auch das
ritt ich über die Seine,
ritts übern Rhein.)

Von einem Brief, von ihm.
Vom Ein-Brief, vom Ost-Brief. Vom harten,
winzigen Worthaufen, vom
unbewaffneten Auge, das er
den drei
Gürtelsternen Orions – Jakobs-
stab, du,
abermals kommst du gegangen! –

zuführt auf der
Himmelskarte, die sich ihm aufschlug.

Vom Tisch, wo das geschah.

Von einem Wort, aus dem Haufen,
an dem er, der Tisch,
zur Ruderbank wurde, vom Oka-Fluß her
und den Wassern.

Vom Nebenwort, das
ein Ruderknecht nachknirscht, ins Spätsommerohr
seiner hell-
hörigen Dolle:

Kolchis.

IN DER LUFT, da bleibt deine Wurzel, da,
in der Luft.
Wo sich das Irdische ballt, erdig,
Atem-und-Lehm.

Groß
geht der Verbannte dort oben, der
Verbrannte: ein Pommer, zuhause
im Maikäferlied, das mütterlich blieb, sommerlich, hell-
blütig am Rand
aller schroffen,
winterhart-kalten
Silben.

Mit ihm
wandern die Meridiane:
an-
gesogen von seinem
sonnengesteuerten Schmerz, der die Länder verbrüdert nach
dem Mittagsspruch einer
liebenden
Ferne. Aller-
orten ist Hier und ist Heute, ist, von Verzweiflungen her,
der Glanz,
in den die Entzweiten treten mit ihren
geblendeten Mündern:

der Kuß, nächtlich,
brennt einer Sprache den Sinn ein, zu der sie erwachen, sie –:

heimgekehrt in
den unheimlichen Bannstrahl,

der die Verstreuten versammelt, die
durch die Sternwüste Seele Geführten, die
Zeltmacher droben im Raum
ihrer Blicke und Schiffe,
die winzigen Garben Hoffnung,
darin es von Erzengelfittichen rauscht, von Verhängnis,
die Brüder, die Schwestern, die
zu leicht, die zu schwer, die zu leicht
Befundenen mit
der Weltenwaage im blut-
schändrischen, im
fruchtbaren Schoß, die lebenslang Fremden,
spermatisch bekränzt von Gestirnen, schwer
in den Untiefen lagernd, die Leiber
zu Schwellen getürmt, zu Dämmen, – die

Furtenwesen, darüber
der Klumpfuß der Götter herüber-
gestolpert kommt – um
wessen
Sternzeit zu spät?

Inhalt

Mohn und Gedächtnis (1952)

Von Schwelle zu Schwelle (1955)

Sprachgitter (1959)

Die Niemandsrose (1963)

Bibliothek Suhrkamp

Verzeichnis der letzten Nummern

Bibliothek Suhrkamp

Alphabetisches Verzeichnis